图书在版编目（CIP）数据

创建服务型政府的逻辑理路和福建实践研究 / 刘一书，高拴平，李梓元著. -- 厦门：厦门大学出版社，2022.11

（管理新视野）

ISBN 978-7-5615-8682-2

Ⅰ．①创… Ⅱ．①刘… ②高… ③李… Ⅲ．①地方政府—行政管理—研究—福建 Ⅳ．①D625.57

中国版本图书馆CIP数据核字(2022)第129643号

出 版 人	郑文礼
责任编辑	江珏玙
美术编辑	李嘉彬
技术编辑	朱　楷

出版发行　*厦门大学出版社*

社　　址　厦门市软件园二期望海路 39 号

邮政编码　361008

总　　机　0592-2181111　0592-2181406(传真)

营销中心　0592-2184458　0592-2181365

网　　址　http://www.xmupress.com

邮　　箱　xmup@xmupress.com

印　　刷　厦门市明亮彩印有限公司

开本　720 mm×1 000 mm　1/16

印张　15.75

插页　2

字数　205 千字

版次　2022 年 11 月第 1 版

印次　2022 年 11 月第 1 次印刷

定价　58.00 元

厦门大学出版社
微信二维码

厦门大学出版社
微博二维码

序　言

一

　　构建服务型政府是一个重要的理论和实践问题。服务型政府概念的提出经历了一个自下而上的过程，它最早是由多个地方政府，包括大连、南京、重庆、成都、厦门等提出的，学术界跟进研究和讨论，而后中央采纳、推广，逐渐在全国层面铺开。中央层面第一次提出"服务型政府"的概念，是在 2004 年 2 月 21 日中共中央举办的省部级主要领导干部树立和落实科学发展观的专题研究班上。时任国务院总理温家宝第一次提出政府的目标是建设服务型政府。2005 年 3 月 5 日在第十届全国人民代表大会第三次会议上，温家宝在政府工作报告中强调努力建设服务型政府，更好地为基层、企业和社会公众服务。"服务型政府"概念进入政府正式文件，已经超出了个人提法范畴，进入了国家意志层面。2005 年 10 月份，胡锦涛在中共十六届五中全会的讲话中强调要深化行政管理体制改革，推进政企分开、政事分开、政资分开、政府与中介组织分开，减少和规范行政审批，建设法治政府和服务型政府。2006 年 10

月,党的十六届六中全会通过了《中共中央关于构建社会主义和谐社会若干重大问题的决定》,第一次以中央文件的形式明确提出建设服务型政府。党的十七大报告中专辟一章讲"加快行政管理体制改革,建设服务型政府",把服务型政府最终确定为我国政府工作的奋斗目标。

在党中央的正确领导下,我国服务型政府建设取得巨大成就,人民群众对政府的满意度空前提高。党的十八大进一步明确指出,要建设人民满意的服务型政府。十八大以来,习近平总书记着眼于推进国家治理体系与治理能力现代化,增强政府公信力和执行力,提出了一系列新思想和新观点,将服务型政府建设推向新阶段和新高度。习近平总书记关于服务型政府建设的重要论述,是在坚持马克思主义政府理论的基础上,通过对党的历代领导人的政府建设思想的继承和创新,结合当前服务型政府建设实践并经过思考后的成果,也是习近平总书记长期在基层执政实践经验的积累与升华。

认真梳理习近平总书记关于服务型政府建设的新见解新观点,充分认识习近平总书记关于服务型政府建设重要论述的当代价值,对深化习近平新时代中国特色社会主义思想研究、加快推进我国服务型政府建设、实现国家治理体系和治理能力现代化,具有重要的理论意义和实践价值。

二

从1985年6月到2002年10月,习近平在福建工作17年多时间,先后在厦门市、宁德地区、福州市和省里不同层级重要岗位上担任领导职务。分析梳理福建省服务型政府建设的实践,可以深刻地洞察习近平总书记服务型政府建设重要论述在福建大地上形成与不断发展的脉络,清晰把握习近平总书记关于服务型政府建设重要论述的现实逻辑。

福建省的服务型政府的实践及其经验,是习近平总书记关于服务型政府建设重要论述的丰富与拓展,从他在福州倡导"马上就办"的政务作风,到在福建全省率先倡导机关效能建设和服务型政府建设,再到党的十八大以来着眼于推进国家治理体系与治理能力现代化,提出建设人民满意的服务型政府,充分体现了习近平总书记建设服务型政府的一以贯之和坚持不懈。基于历史逻辑的考量,可以清晰地洞察习近平总书记关于服务型政府建设重要论述在福建省生根发芽、不断生长的历史过程。

福建省服务型政府建设的实践与探索,一方面丰富和验证了习近平总书记关于服务型政府建设重要论述的内容,另一方面又对福建省的服务型政府建设实践起着重要的指导作用。近20年来福建省服务型政府建设工作在改革开放中深入推进,政府治理不断创新,政府效能持续提升,电子政务进展明显,行政审批制度不断完善,为福建省的跨越式发展营造了良好的政务环境。

但目前福建省在服务型政府建设方面仍存在诸如公共服务理念尚未真正实现,服务型政府建设缺乏系统规划,政府职能转变并未完全到位,公民民主参与还不广泛,服务型政府建设监督机制、政府工作效率评估机制有待进一步完善等问题,这些问题在一定程度上影响和制约了福建省服务型政府建设的进程和质量。为此,福建省需要进一步加快服务型政府建设的步伐,正视和解决好存在的问题和不足,努力建设法治政府、有限政府、责任政府和回应政府。

三

　　服务型政府建设的理论研究和实践探索最先在我国出现,是与我国的语境相联系的。一方面,服务型政府的理论和建设实践是我国社会双重转型(体制转型和发展转型)的必然要求;另一方面,服务型政府的理论和建设实践是我们借鉴我国传统文化、马克思主义哲学以及国外有关理论与经验的必然产物。服务型政府是一个立体的概念,服务型政府的建设是一个系统工程,是对服务型政府各个方面的全方位构建;服务型政府是一种面向后工业社会的政府模式,其在本质上不同于管理型政府;我国的服务型政府建设需要根据我国社会发展的现实情况和未来趋势进行推进。需要强调的是,尽管服务型政府的思想与概念在我国已经有十几年的时间,但就目前的情况来看,它依然是以理念的形式存在,还未建构起系统化的理论,这样就留下了很大的探索空间,我们可以结合我国的实际继续进行一些前瞻性的探索。

　　中国有着绵延几千年、博大精深的传统文化,其中蕴含的超越时代的文化思想和文化精神,对于今天我国的经济社会发展仍然发挥着积极影响。我国的行政理论研究和行政改革实践也不可能脱离中国传统文化而独立存在,我国探索服务型政府建设的过程总是会自觉不自觉地受到来自传统文化的影响,因此,我们在研究服务型政府建设问题时,一定要关注传统文化对建设服务型政府的影响及其作用。通过对中国传统文化与服务型政府理论及其建设实践的分析,我们发现中国传统文化体系中的"和合思想""民本思想"与作为文化形式存在的"日常生活",在服务型政府理论与建设实践的探索和研究中有着不可忽视的积极作用。

　　以上阐述既是我们对服务型政府建设理论和实践的断想,也是对本书内容及其观点的凝练。是为序。

作者

2022 年 10 月

目　录

第一篇　服务型政府建设的中国语境

第二篇 习近平总书记关于服务型政府
建设重要论述的意蕴及来源

第三篇　福建省服务型政府建设路径研究

Part I

第一篇

服务型政府建设的
中国语境

第一章　服务型政府建设的中国语境

第一节　绪　论

中国是一个社会主义国家,马克思主义哲学一直是指导中国革命与建设的核心理论。我们知道,马克思主义的哲学体系包括两个部分:强调阶级斗争的革命性哲学和强调总体的建设性哲学。新中国成立后,中国在社会主义建设的过程中确立起了"机械均衡"的发展模式,但这一发展模式并没有改变中国贫穷落后的局面。改革开放后,在否定机械均衡发展模式的基础上,中国建构起了"梯度发展模式"。虽然梯度发展模式否定了机械均衡的发展模式,但它们都是以马克思的革命哲学为指导的,其区别仅在于革命对象与方式的不同,建构和谐社会的构想则是以马克思主义的总体性哲学为基础的。经过几十年的发展,梯度发展模式使中国摆脱了贫穷落后的局面,但同时也使得中国诸多领域出现了严重的不均衡、不和谐的现象,影响了中国的进一步发展。为了改变中国社会不均衡不和谐的局面,中国提出了科学发展的理念

3

和建设和谐社会的构想。服务型政府建设作为和谐社会建设的一个部分,也需要以马克思主义的总体性哲学为基础。在总体性哲学的指导下,中国学者提出了服务型政府的理论。除了中国的传统文化和马克思主义的理论之外,服务型政府的理论和建设实践能最先在中国出现,还得益于中国学者对西方行政学理论的借鉴和重组。管理型政府的理论和现实形态产生于西方国家,在后工业化的进程开启后,西方行政学界在对管理型政府进行反思的基础上也进行了大量的理论探索和实践改革,但由于受到工业文明的负向牵引,而没有对管理型政府造成本质性的颠覆。尽管如此,西方行政学界的一些理论和经验对中国服务型政府的理论研究和实践探索也有一定的借鉴价值。一方面,虽然服务型政府以"服务"为核心的价值取向,但服务型政府中也有"管理"的功能,只是管理的功能不像在管理型政府中那样突出;另一方面,西方行政学界在批评管理型政府的过程中,虽然没有突破管理型政府的框架,但在客观上也产生了一些能够对服务型政府研究有启发的思想和理论。正因为这样,中国学者在进行服务型政府研究的时候,没有将国外的行政思想和理念不分良莠地全部抛弃,但也没有照搬照套,而是在借鉴的基础上进行话语重组来推进服务型政府的理论研究。

总而言之,服务型政府的理论研究和实践探索能够最先在中国出现,是与中国的语境相联系的。在宏观语境的层面上,服务型政府的理论和建设实践最先在中国出现是中国社会双重转型的必然要求,是与中国社会的双转型相联系的;在微观语境的层面上,服务型政府的理论和建设实践能够最先出现在中国,是与中国的传统文化、马克思主义哲学以及对国外理论与经验的借鉴重组紧密相关的。

就中国行政学界对服务型政府的探索情况来看,大致有四种不同的看法和观点:第一种观点将服务型政府的主要职能定格在公共服务的供给上,认为我们的政府模式应该从"经济建设型"转变为"公共服务型"。第二种观点认为我国进行服务型政府建设,主要是由"人民政府"的性质决定的,服务型政府就是为人民服务的政府,是民主行政的政府。第三种观点将新公共管理理论和新公共服务理论作为中国的服务型政府建设"牢不可破"的理论支柱,将中国的服务型政府建设看作是新公共管理运动的中国形态。最后一种观点认为,人类社会经历了前工业社会、工业社会和正在经历的后工业社会,服务型政府正是符合后工业社会治理需要的一种政府形态。而中国社会当前正处在工业化与后工业化的双重转型过程中,服务型政府既符合中国社会双重转型的时代要求,也是对中国长期行政改革的理论确认。

通过对上述各种理论的梳理,我们发现前三种理论本身没有错误,但都不同程度地存在偏颇和缺陷,总结起来主要存在三方面的问题:"第一,理论的误植;第二,历史的'混搭';第三,方向的误导"。而第四种理论观点,就目前的情况来看最为贴近中国社会在现阶段的现实和将来的发展趋势,但该理论体系更多的是对服务型政府建设做出了一种理论上的规定,而没有建构起一种系统的服务型政府理论。客观地说,服务型政府理论的系统化需要若干学者付出长时间的努力,不可能通过一个学者或一项研究来完成。就目前服务型政府理论研究所达到的程度而言,虽然为建构系统化的服务型政府理论做出了卓著的贡献,但与服务型政府理论的系统化还有一定的距离。基于这样的认识和考虑,本章通过对服务型政府的理论和建设实践在中国产生的语境进行分析,试图回答"服务型政府的理论与建设实践为何会最先在中国出现、中国为服务型政府的理论与建设实践的产生提供了一个什么样的语境"这些问题。这些问题的答案对于建构服务型政府的理论体系来说无疑是一项基础性的工作,对于完善服务型政府的理论体系而言,具有一定的理论意义。就服务型政府建设的实践范畴而言,由于理论上存在的问题对实践造成了误导,使得服务型政府在建设环节存在着一些不足:第一,以偏概全,将对管理型政府的点滴改进当作服务型政府建设的全部;第二,形式主义,打着建设服务型政府之名,行建设管理型政府之实;第三,去背景化,将服务型政府建设与时代背景和具体语境相割裂,导致服务型政府建设实践具有明显的盲目性;第四,急功近利,如一些地方政府制定了服务型政府建设的规划方案,企图"一年构建框架、三年逐步完善、五年全面完成",将服务型政府建设当作一蹴而就的事情,其缺陷不言自明。针对在服务型政府建设中存在的问题,本章试图去改变服务型政府建设的实践中存在的"以偏概全、形式主义、模式照搬和急功近利"现象。明确服务型政府是一个立体的概念,服务型政府的建设是一个系统工程,是对服务型政府诸要件的全方位构建;服务型政府是一种面向后工业社会的政府模式,其在本质上不同于管理型政府;中国的服务型政府建设需要根据中国社会发展的现实情况和未来趋势与时俱进。

第二节　相关概念

一、服务型政府

自 20 世纪 90 年代末,服务型政府思想被中国学者提出之后,人们对服务型政府的理解不尽相同,每个人心中都有一个服务型政府。就目前的情况来看,关于服务型政府的概念有两种比较代表性的界定:从字面上看,服务型政府是由"服务"与"政府"这两个关键词合成的,许多研究者正是按这个思路——通过考证"服务"与"政府"的相关含义来界定服务型政府的概念。在他们看来,"服务"在词源学上有两层意思:"第一,它是一项为了集体(或他人)利益或某种事业的活动,而不是为了自己的利益和个人事项的活动。第二,它是一种工作。"同时"就服务者与被服务者之间的关系而言,服务的基本特征应该是:被支配性、自愿性和惬意性"。加之政府所掌握的公共权力是来源于公民的,因而公民在公共服务中应该处于决定性地位。如此看来,服务型政府就是"在公民本位、社会本位理念指导下,在整个社会民主秩序的框架下,通过法定程序,按照公民意志组建起来的以为公民服务为宗旨并承担着服务责任的政府"。对服务型政府概念的第二种界定是从政府的公共服务职能角度来认识的,改革开放40多年来,在中国经济发展的过程中,社会两极分化、贫富分化、地区差距明显扩大,政府公共服务供给不足、不均匀、不合理。所以,我们的政府应该随着经济体制的转型而转型,由经济建设型政府转向"为全社会提供基本而又保障的公共产品和有效的公共服务,以不断满足广大社会成员日益增长的公共需求和公共利益诉求,在此基础上形成政府治理的制度安排"的公共服务型政府。因此"所谓公共服务型政府,就是满足社会公共需求,提供充足优质公共产品与公共服务的现代政府。政府的作用集中于公共领域,政府管理的基本哲学是实现社会正义,政府是公共利益的鲜明代表,政府权力是有限权力,现代政府是法治政府"。

"政府"既是一个历史的范畴也是一个现实的范畴,我们在对服务型政府的概念进行界定时,必须将其放到特定的时代背景中,否则服务型政府就成了"无源之水,无本之木"。未来学家托夫勒将人类发展至今所走过的路程分为三次前后相续的浪潮:"第一次浪潮是农业阶段,第二次浪潮是工业阶段,和目前正在开始的第三次浪潮。"与托夫勒的分法相似,我们可以将人类社会发展至今所经历的过程分为三个阶段——前工业社会、工业社会和后工业社会。与此相对应,我们认为政府形态的演变也经历了三个不同的阶段:前工业社会——统治型政府;工业社会——管理型政府;后工业社会——服务型政府。政府本身也是一个体系,由不同的内部因素构成,所以统治型政府、管理型政府和服务型政府之间的区别不仅仅是局部的,还是整体上的。因此,我们在认识不同政府形态之间的区别时,应该将整体与局部结合起来,正所谓"体系与结构并存,或者说任何一个体系都是有着一定结构的体系。对一个体系的结构进行分析,实际上就是认识该体系形式方面的最好切入点"。就政府体系来说,根据各结构发挥的作用及其方式的不同,可以将政府体系划分为主观结构、客观结构和价值结构。如此一来,我们在界定服务型政府的概念时,就应该关照到它的主观结构、客观结构和价值结构。

二、中国语境

语境是一个社会语言学、语义学、修辞学和语用学的核心概念,最早由波兰籍社会语言学家马林诺夫斯基(Malinowski)提出。马林诺夫斯基认为存在两类语境:情境语境和文化语境,或者说是语言性语境与非语言性语境。与马林诺夫斯基的看法相似,有学者将语境划分为广义与狭义两种:"广义语境指与言语交际相关的整个自然、社会、文化环境和情景;而狭义语境就是指言语上下文,包括单词、词组、句子、段落和篇章的上下文。"此外,有研究者还注意到语境兼有静态和动态特征,认为"语义是在语境关联的顺应过程中形成的。而这个顺应在交际中是动态的过程,因为交际过程中的言语活动、言语事件等为语义生成提供了'框架'",同时还认为语境具有一定的层次性并发挥着过滤和制约的功能。基于以上这些对"语境"的研究和论述,对于本论题所涉及的"中国语境"的理解,这里采用非语言性语境的概念,也就是广义的语境。这样,服务型政府建设的"中国语境"就是对与中国进行服务型政府的理论研究和实践探索有关的自然、社会、文化环境和情境的总称,它是一系列因素构成的体系。在服务型政府建设的"中国语境"这个体系中,又可以将其分为宏观与微观两个层次:宏观层面主要是指中国社会的发展状况及其特征;微观层面主要是指一些具体的文化因素和条件。

不同研究者在服务型政府及其建设的问题上既达成了一些共识,也存在着许多的分歧。

(一)共识

共识一:将服务型政府建设看作中国行政改革的目标。总体上来看,服务型政府理论与实践的发展大致经历了一个"理论先导—地方政府率先实践—中央政府关注—反过来推动学术界研究—成为行政管理体制改革的目标—理论与实践互动"的过程。在这个过程中,所有的理论研究者都将服务型政府建设看作是中国行政体制改革的方向;在实践过程中,从中央到地方各级政府,均将建设服务型政府提到战略的高度,积极地进行服务型政府建设的实践探索。因此,不管是在理论研究上,还是实践探索中,建设服务型政府都是中国行政体制改革与政府发展的未来目标。

共识二:将建设服务型政府看作是构建和谐社会和实践科学发展观的重要部分。随着党和国家发展观念从以经济建设为中心向科学发展转变,建设和谐社会的必要性日渐突出,而行政管理体制改革则是建设和谐社会与深化改革的重要环节。以建设和谐社会为目标的行政改革,必然是以建设服务型政府为具体目标的改革。因此,不管是专门从事理论工作的研究者,还是服务型政府建设的践行者,都认为建设服务型政府是科学发展观在实践中的重要体现,是建设和谐社会的重要部分。

(二)分歧

分歧一:对中国建设服务型政府的背景认识不同。有研究者认为中国的服务型政府建设是在市场经济发展的条件下做出的选择;有的研究者认为服务型政府建设是在中国经济社会发展不均衡、政府公共服务供给严重不足的背景下做出的选择;有的研究者认为中国是社会主义国家,我们的政府是人民的政府,因此我们需要进行服务型政府建设;有的研究者认为中国建设服务型政府是以中国加入WTO、对"新冠肺炎疫情"危机的反思为背景的;有的研究者认为中国建设服务型政府是顺应自20世纪70年代末80年代初以来西方国家政府改革浪潮的需要,将服务型政府建设看作是新公共运动在中国发展的结果;有的研究者则认为服务型政府是一种指向后工业社会的新型政府模式,中国之所以要进行服务型政府建设,是由中国社会双重转型(工业化与后工业化)的社会特点与中国行政体制改革的实践决定的。可见,关于中国是在什么样的背景下进行服务型政府理论研究和实践探索这个问题依然存在着较为明显的分歧。

分歧二:对服务型政府的理论基础认识不同。由于对中国建设服务型政府的背景认识存在差异,不同研究者之间关于服务型政府理论基础的认识也表现出了极大不同。在研究者中,有的以社会契约论作为服务型政府的理论基础,有的以新公共管理理论作为服务型政府的理论基础,有的以新公共服务理论作为服务型政府的理论基础,有的以为人民服务理论作为服务型政府的理论基础,有的以后工业社会理论和政府职能重心位移理论作为服务型政府的理论基础,有的以科学发展观和马克思政府理论作为服务型政府的理论基础,有的则以治理理论作为服务型政府的理论基础……当然,在不同的研究者中,有的将上述理论中的一种作为服务型政府的理论渊源,有的同时将其中的几条作为服务型政府的理论基础。总体而言,分歧明显。

分歧三:对中国建设服务型政府的条件、路径存在不同的看法。因对服务型政府建设的背景和理论基础的分歧,不同研究者在服务型政府建设路径上也存在不同的看法。从政府职能角度研究服务型政府建设的研究者们认为:建设服务型政府应该改革现有财政制度,加大对教育、卫生、就业等诸多公共服务项目的投入,增加公共服务的数量、扩大覆盖面,尤其是要加大对广大农村地区和欠发达地区的投入比重,努力实现城乡之间、地区之间的服务均衡。以适应中国市场经济的发展和经济全球化浪潮为出发点的研究者们认为:建设服务型政府应该减少政府审批内容与范围、修建行政审批中心与政务中心,推行一站式服务。从宪法角度来认识服务型政府的研究者们主张:推行法治行政和民主行政,增加政府行政过程的透明度,让权力在阳光下运行,打造阳光政府。从西方政府改革角度研究服务型政府建设的研究者们主张:进行服务型政府建设,就是要重塑政府,将企业家精神引入政府的管理过程,推行结果导向的公共行政,进行绩效考核;强调市场机制、竞争机制和"顾客意识",使公共行政多中心化和私有化等等。有研究者认为中国服务型政府建设目前遇到了瓶颈,突围的办法就是经过充分的调研为中国服务型政府建设确立一个标准模型。也有研究者从中国社会的过渡性出发,认为适合中国社会目前情形的政府模式只能是"复合政府模式"。以上所述的各种服务型政府建设逻辑和路径,只是对不同研究者研究侧重点的概述,实际上彼此之间的区别没有这么纯粹,在建设逻辑与路径上存在着许多的交叉与重合,总体上比较混乱。

（三）不足

不足一:忽视服务型政府的时代性与系统性。服务型政府是一种全新的政府模式,它是与全球化、后工业化的时代特征相联系的,同时,服务型政府能够最先在中国出现,必然是与中国语境相关联的。然而,现有的研究成果反映出,绝大部分的研究者对服务型政府及其建设问题的界定是不恰当的,大概有以下几种情况:(1)脱离背景。有的研究者对建设服务型政府的背景不做任何现实的解读,而是从18世纪的启蒙运动中去寻找服务型政府建设的"营养",尤其表现出对社会契约论的钟爱,这种做法完全脱离了中国实际。(2)盲目定位。有些研究者注意到了对现实的关照,但由于20世纪80年代以来的西方政府改革运动与我们的行政体制改革在时间上也几乎是同步的,以至于中国的许多研究者受到西方新公共管理运动的影响,认为我们的改革与它们一样是处于同一背景且性质相同的改革。(3)简化现实。服务型政府建设是一个复杂的工程与过程,绝不是基于某一个具体问题而做出的选择。然而在对现实进行考察的过程中,研究者们要么从中国社会发展不平衡的现状出发,要么将适应市场经济的发展作为建设服务型政府的依据,或者从对现有建设实践的简单描述出发来定位服务型政府建设,以一种孤立的思维对现实进行简单化处理。

不足二:理论上的误植与拼凑。由于缺乏对中国社会现实的准确解读,许多研究者在对服务型政府理论基础的认识上出现了误植与拼凑的现象。比如将社会契约论、新公共管理理论、新公共服务理论、政府职能重心位移理论、后工业社会理论、奉献社会理论与后现代公共行政理论等诸种理论当作服务型政府的理论渊源。值得重视的是，许多研究者在研究服务型政府的过程中，不是将其中一种理论作为服务型政府的理论基础，而是将其中的几种或全部看作服务型政府的理论基础。更有甚者，将相互之间明显对立、相互否定的理论作为服务型政府共同的理论基础。

不足三：实践上的盲目性与形式化。现实中建设服务型政府的做法基本上都是停留在涉及服务型政府体系的客观结构方面，或将服务型政府建设缩小为提供具体公共服务的技术与方法的改进，或者是以建设服务型政府之名行建设管理型政府之实，这些做法没有涉及服务型政府建设的深层内涵，仅仅停留在表面。对服务型政府建设的以上做法会使得人们局限提供公共服务，而缺乏对服务型政府的建设进行深层次的挖掘与思考；会助长地方政府在建设服务型政府过程中的急功近利现象，比如有些地方夸口"几年之内建成服务型政府"，结果不光造成资源浪费，还影响我国服务型政府建设的进程；会导致人们不去关注建设服务型政府的背景与条件，将服务型政府建设看作一个孤立的实践，根据领导人的意志随机建设；会无目的地去比对其他国家与地区的做法，不分优劣地生搬硬套。

（四）瞻望

虽然关于服务型政府的理论及其建设问题在国内存在一些共识、分歧与不足，也可以预见在我们将来的理论研究与建设实践上会面临许多挑战与困难，但这些并不能改变我们建设服务型政府的选择，因为这既是中国社会发展的需要，也是人类文明发展的规律使然。同时，尽管服务型政府的思想与概念的出现已经有十几年的时间,但就目前的情况看来,它依然是以理念的形式存在的,还未建构起系统化的理论,如此一来就给我们留下了很大的探索空间,我们可以结合中国的实际来做一些前瞻性的探索。总体上看,在工业化与后工业化的进程中,我们的发展观念从以经济建设为中心和效率优先兼顾公平,向科学发展转变。与此同时,中国的行政体制改革也从被动适应社会转型转变到主动引导社会发展。面对中国社会的双重转型、党和国家工作重心的变化还有行政体制改革的过程与实践,建设服务型政府是我们确定无疑的选择,但这不等于我们能够顺利地建设服务型政府。因此,必须清楚地去认识我们服务型政府的理论研究和实践探索过程中可能出现的困难、具备的条件和建设的切入点。

可能面对的困难:由于人们在理论研究和建设实践中,脱离"中国语境"或者是对"中国语境"的误读,使得理论上的误植、实践上的盲目性与形式化等问题继续存在,将服务型政府的理论研究和建设实践引离正轨,导致理论研究者和实践探索者改变对服务型政府的看法,进而失去对服务型政府的热情与信心,这是我们能预计到的可能的最大困难。另外,服务型政府建设本身也是需要一定的客观物质基础的,但国内不同地区之间的发展不均衡,比较落后的地区建设服务型政府的过程中可能会面临"基础差"的问题。

切入点:服务型政府建设,除了要依据社会发展状况、政治理念的变迁和行政体制改革的情况来开展,还要对政府体系本身进行科学分析,只有这样才能找到一个可靠的切入点和清晰合理的逻辑。

第二章　服务型政府：理论与实践的探索

从起源来看,服务型政府的理论和建设实践最先出现在中国,是中国语境下的产物;从过程来看,中国在探索行政理论和行政改革的过程中,主要有理论与实践两条路径,这两条探索路径指向了同一结果——服务型政府建设。

第一节　服务型政府的理论

一、服务型政府概念的提出

在当下中国的学术环境中,"服务型政府"无疑已成许多理论研究者的兴趣点,然而,关于服务型政府的研究却存在着许多的争论与分歧,主要体现在关于服务型政府的理论起源——究竟是舶来品还是中国语境下的产物。就服务型政府理论究竟是来自国外还是中国学者的创新而言,在目前的服务型政府研究中,绝大部分学者坚持认为服务型政府是中国学者的研究成果。

经济建设型政府,是"发展中国家在向现代工业社会转变的过程中,以推动经济发展为主要目标,以长期担任经济发展的主体力量为主要方式,以经济增长作为政治合法性来源的政府模式"。但是,到20世纪90年代末,这种在经济建设中长期充当主体的政府暴露出了许多的问题与矛盾,主要表现在:一是经济快速增长与发展不平衡的矛盾日益突出。二是快速增长的社会公共需求与短缺的公共服务之间的矛盾逐渐加剧。面对这些问题和矛盾,我们必须要实现政府角色的转变,从经济建设型政府、经济发展型政府或者发展型政府转变成公共服务型政府或者服务型政府。面对经济建设(发展)型政府所产生的问题,建设公共服务型政府的任务主要包括:完善政府的公共服务职能,形成完整系统的政府公共服务职能体系;大幅度提高政府公共服务的总量与质量,使公共服务与经济增长协调发展;建立适应我国国情的公共服务体系;建立完善的公共服务制度;以完善基础性公共服务为重点,实现基本公共服务均等化的目标。依据公共服务型政府建设的任务,建设公共服务型政府需要遵循四个标准:一是公共服务的投入标准;二是公共服务的覆盖面标准;三是公共服务的体系完善程度标准;四是政府公共服务的规范化标准与绩效标准。

从经济建设型政府与公共服务型政府的对比中来理解和建设服务型政府,实际上是对服务型政府认识偏差的表现。首先,将具体公共服务的提供等同于服务型政府建设。政府本身就具有公共服务的职能,需要提供一些具体的公共服务,但是政府所提供的具体公共服务在范围与效率等诸多方面的变化并非政府模式变革的决定性变量。从一种政府模式向另一种政府模式转变,是在一定的社会背景下发生的。所以说,政府公共服务职能的强化与突显,只是政府的局部调整,不能将其当作服务型政府建设的全部。其次,在现代福利国家建设中发挥作用的政府并非服务型政府,而是管理型政府。20世纪30年代的"大萧条"使得许多国家选择了福利国家的道路,并将其看作资本主义与共产主义之间的一条中间路线。第二次世界大战之后,建设福利国家的道路在欧洲的大部分国家受到青睐,但到20世纪70年代末80年代初,一方面政府因为过度的福利供给压力而不堪重负,财政危机导致福利国家发展困难;另一方面政府在福利提供的过程中也出现了明显的失灵现象,广受诟病。因此,从时间上来看,福利国家从开始发展到陷入危机,整个过程都发生在工业社会阶段,其所致力于建设的政府是管理型政府,而非与全球化、后工业化相适应的服务型政府。

二、服务型政府理论研究的现状

服务型政府理论发展至今,已经产生了大量的研究成果,通过对这些成果的分析,我们可以发现服务型政府理论研究目前大体上呈现出以下状况:

首先,服务型政府研究得到了中国政府的认可,并将其作为中国政府未来的发展方向。从服务型政府理论发展的过程来看,这一理论的出现得到了国内学术圈的积极响应,如今正处于一个昌盛的发展时期,这种情况的出现证明服务型政府的研究得到了学术界的充分认可。此外,服务型政府研究从一开始就被定位为中国未来行政体制改革的目标。经过改革开放40多年来的发展,中国取得了许多骄人成绩,但也存在着大量的矛盾和问题,在这些问题中有些是中国社会独有的,有些是世界上绝大部分国家共同面临的主要问题,解决这些问题需要对社会治理模式、政府模式进行变革。如此看来,中国既不可能沿用以前的政府模式,也不可能照搬西方发达国家的政府模式,而是根据中国社会的现状和人类社会发展的新形势去建构起一种全新的政府模式,即服务型政府,它被看作是中国政府未来的发展方向。

其次,对服务型政府的认识存在误读。人们对服务型政府的误读,具体来说有以下几种情况:一是对服务型政府的理论渊源存在错误的认识,这点在前面已经论述,在此无须赘言;二是关于服务型政府与公共服务的关系问题存在误读。就目前服务型政府研究上存在的问题而言,关于服务型政府与公共服务之间的关系最为混乱,一些研究者甚至认为服务型政府研究的全部内容就是解决公共服务的问题。其实,这就是没有认识到服务型政府是一种全新的政府模式的结果。原则上来讲,任何时代的政府都会具有一定的服务功能,管理型政府在发展到典型时期时就具有非常突出的公共服务功能。当然,服务型政府应该比管理型政府有着更加突出的公共服务能力,即便如此,也不能简单将服务型政府归结为政府的"公共服务"职能。服务型政府作为一种全新的政府模式,在政府组织、行政制度、行政文化、治理方式、行政人员、服务技术等诸多方面均不同于过去的政府模式,若将公共服务与服务型政府画等号,无疑是对服务型政府的误解。

再次,研究方法相对单一。在服务型政府发展的初期,研究工作主要集中在服务型政府的含义、理论渊源、建设背景等等一些比较基础的研究主题上。对于这些研究主题而言,在研究方法的选择与使用上会存在一定的局限,比如主要适用定性分析方法,定量分析的方法对这些问题的解决显得难有作为,在使用上自然就会受到限制。到 2005 年以后,量化研究的方法在服务型政府的研究中开始出现,特别是在 2006年以后,量化研究方法的使用迅速增加。量化研究的方法之所以能在2006 年之后被较多使用,也是与这时期服务型政府研究主体的增加与变换有关:一方面,经过前期的研究积累,有关服务型政府的一些宏大理论问题相对比较清晰,在此基础上,人们开始将研究目光投向一些操作性比较强的具体领域,为定量分析方法的使用找到了用武之地;另一方面,在实践领域,地方政府的服务型政府建设也走过了一个较长的时期,在这些实践中探索出的一些经验以及暴露出来的一些问题,引起了理论研究者们的注意,对这些问题的调查分析也为服务型政府理论研究方法上的创新提供了大量的素材。然而,虽然经验研究与定量分析方法正在得到越来越多的应用,但就研究方式总体而言,对服务型政府的研究仍然存在经验研究与非经验研究、定性分析与定量分析比例失调的问题。到目前为止,这种状况依然存在,影响了服务型政府研究的进一步发展。

最后,随着时间的推移,不同时期的研究成果在影响力上出现递减趋势。服务型政府理论的提出是中国学者的贡献,是中国学者对政府模式变革的创新和突破,可以说中国学者对服务型政府理论的研究开了一个好头。

第二节　服务型政府的实践探索

一、理解中国行政改革

首先,服务型政府理论是在中国行政改革的过程中提出来的,建设服务型政府是中国行政改革的必然结果。换句话说,中国的行政改革实践是以建设服务型政府为导向的,是服务型政府的"实践探索形式"。因此,考察服务型政府的实践探索过程,需要从对中国行政改革的考察开始,并在对中国行政改革的考察中完成。中国的政府机构改革、行政改革在政治学、行政学等相关学科中受到了长期的关注并产生了大量的研究成果,但从这些研究成果所反映出来的情况看,不同的学者在对中国行政改革的理解上存在极大的分歧。要理解中国的行政改革,需要从三个方面入手——中国行政改革历程的划分、政府机构改革与行政改革的异同、行政改革与政府变革之间的关系。中国行政改革的历程应该从改革开放以后算起。之所以认为改革开放之前中国没有真正意义上的行政改革或者政府机构改革,是因为改革开放之前我们在实践上一直没有解决好"建设一个什么样的政府"的问题,政府机构的变动与调整是为了满足政治运动的需要,没有科学的理论指导和明确的具体操作方案,具有极强的不确定性。中国行政改革的真正开端就是十一届三中全会以后,尤其是 20 世纪 80 年代初期以后。虽然新中国成立以后至 20 世纪 70 年代末我们也曾有过大大小小许多次机构变动,但由于基本上只是机构调整,是在形成和完善计划经济体制的过程中对如今而言旧的经济体制和政治体制的修修补补。

其次,根据中国行政改革的改革背景、主导价值、改革重点的不同,可将中国到目前为止走过的行政改革历程分为三个阶段。

第一阶段主要包括 1982 年和 1988 年的两次机构改革,为满足从计划经济向市场经济过渡的需要,这一时期行政改革的重点是探索一种能满足市场经济发展要求的政府模式。

第二阶段主要体现在 1993 年和 1998 年的两次政府机构改革,这一阶段的改革受新公共管理运动的影响较大,其重点是通过对政府进行技术主义的改造来提高行政效率。

第三个阶段包括 2003 年政府机构改革之后的几次改革,这一阶段的行政改革的主题是建设服务型政府。

最后,从政府演变的这一过程中可以看出,在社会发展的过渡阶段,行政改革所导致的政府变革是一种模式变革,其目的是建立一种全新的政府模式;当社会发展经历过过渡阶段,一种新的政府模式建立起来之后,行政改革的任务就是通过一系列的改革促使这种政府逐渐完善,进而更好地承担起推进社会发展的使命。当前的中国正处于社会的双重转型时期,行政改革的任务就是建立一种全新的政府模式,政府转型的目标就是建设服务型政府。

二、"服务"定位的政府模式变革

十一届三中全会以后,党的工作重心转移到促进社会发展上来,在以经济建设为中心的指导思想下,中国开启了现代化的进程。在这种情况下,我们需要建立起一个能够适应并推进现代化、工业化进程的政府。但是,若是从国际背景来看,当时人类社会的发展脚步已经跨进了后工业社会的大门,中国也面临着后工业化的课题。因此,从改革开放初期开始,中国社会就具有双重转型的使命和特征,承担着工业化与后工业化的双重任务,中国社会治理模式与政府模式的转型也必须与之相适应。改革开放初期的中国则是一个名副其实的后发展国家,工业化刚刚起步,后工业化的特征还不明显。

1992 年中共十四大明确提出了"我国经济体制改革的目标是建立社会主义市场经济体制",这标志着改革开放以后中国经济体制从计划经济向市场经济的转变在观念层面得以完成。

1997 年中共十五大召开,在此次大会的报告中首次提出"健全社会主义法制,依法治国,建设社会主义法治国家",将"依法治国"当作社会主义政治体制改革的重要内容之一。此外,党的十五大将政府机构改革作为政治体制改革的重要内容,并要求深化行政体制改革,实现国家机构组织、职能、编制、工作程序的法定化,严格控制机构膨胀,坚决裁减冗员;并提出深化人事制度改革,引入竞争激励机制,完善公务员制度,建设一支高素质的专业化国家行政管理干部队伍。按照党的十五大对政府机构改革的要求,1998年的《国务院机构改革方案》将改革目标确定为"建立办事高效、运转协调、行为规范的政府行政管理体系,完善国家公务员制度,建设高素质的专业化行政管理干部队伍,逐步建立适应社会主义市场经济体制的有中国特色的行政管理体制";并将以发展社会主义市场经济、转变政府职能;精简、统一、高效;权责一致;依法治国、依法行政确定为机构改革的原则。1998年的政府机构改革依然是为了适应市场经济的发展,但是在改革目标、原则和途径上出现了一些新的变化。这次机构改革最大的变化在于将"依法治国、依法行政"作为改革原则,在组织、职能、编制和程序的法定化上有了明显的进步,并将竞争机制的引入和中介组织的培养提上改革日程。随着中国经济社会的发展,此时中国政府对全球一体化的趋势认识日渐清晰,参与全球化的欲望越来越强,这也在一定程度上推动着中国的政府机构改革。

2002年中共十六大召开,会上首次出现"行政管理体制改革"的提法,并重新将事业单位改革提上日程。2003年《国务院机构改革方案》再次强调转变职能是行政管理体制改革的关键,为此要求政府"改进管理方式,推进电子政务,减少行政审批事项,规范行政审批行为",将政府的职能定格在"经济调节、市场监管、社会管理和公共服务职能"。2003年的政府机构改革以改进管理方式、推进电子政务、减少和规范行政审批为具体对象,首次强调了政府的社会管理和公共服务职能。显然,这次政府机构改革的目的不再是适应市场经济发展的需要,而是改善公共服务的质量、推进社会的全面发展,是中国的行政体制改革从被动适应性、实验性的改革阶段转变到主动创新性、前瞻性的改革阶段。当然,这种主动创造性的改革如果从一些具体的改革项目来观察的话,还可以前推到2001年在中国"入世"成功之前进行的行政审批制度改革。

随着中国经济的持续快速增长,到20世纪末21世纪初,中国的工业化程度大大提高。但是按照发展社会学的理论来理解,中国作为一个后发国家,是在相当薄弱的基础上开始工业化的,这必然需要政治力量的介入才能保证现代化与工业化的顺利进行,于是政府就自然而然地成为中国社会快速发展的"单核心",政府在经济发展的过程中扮演了投资者和主导者的角色,以至于许多研究者将改革开放以来的中国政府称为发展型政府,或者是经济建设型政府。中国的快速工业化是一种不均衡的工业化,是发展与矛盾同时存在的工业化。为解决中国现代化过程中所产生的矛盾,应对中国社会情况的新变化,在党的十六大上提出了走新型工业化道路的设想,要求通过行政管理体制改革规范行政审批制度,突出政府的社会管理和公共服务职能。中国在发展思路和对行政管理体制改革目标上的这一变化,实际上预示着在新的历史条件下中国社会治理模式的变革和政府模式的转型。

在党的十六大之前,中国的行政体制改革始终以服务经济发展的需要为出发点,为此借鉴了西方国家政府建设的许多做法与经验,但最终还是没有建成一个典型的、符合工业社会要求的管理型政府。也就是说,为了适应市场经济发展需要,中国政府的发展也始终处在一个探索的过程中。到20世纪末,探索政府模式的进程开始发生转变,不再

以适应市场经济的发展作为唯一标准,这种转变是在诸多条件的共同作用下发生的:

首先,改革开放以来,中国社会在工业化过程中积累了大量的问题和矛盾,对这些问题和矛盾的化解需要在政府转型中来完成,由于中国的工业化速度极快,积聚的问题和矛盾较多,且来不及处理或者处理得不够彻底。这些问题不可能在管理型政府模式下得到彻底解决,而是需要超越工业社会的思维,建构一种新的社会治理模式和政府模式来走出困境,政府模式变革则是其中的关键。

其次,中国社会双重转型的特征日益明显。根据改革开放刚开始时的历史情况来看,中国要想跟上时代发展的步伐,最重要的任务就是尽快实现现代化,核心任务就是经济建设。但是,到 20 世纪末 21 世纪初,中国经济在取得卓越成绩的同时,中国社会也产生了巨大的变化,而最大的变化就是突发性危机事件频发,社会的不确定性和复杂性迅速增加,这些新的变化都在考验着中国政府的社会治理能力。

最后,管理型政府模式难以继续胜任社会治理的重任,建立新的政府模式势在必行。自改革开放以来,中国政府一直在探索一种适合市场经济发展的模式,经过若干年的借鉴与建设,我们建成了一个具有管理型政府部分特征的政府。中国发展环境和发展目标的变化,对政府的职能提出了新的要求与挑战,中国政府必然要改变行政管理体制改革的策略。

三、探索中的服务型政府建设实践

2006 年 10 月,中共十六届六中全会通过了《中共中央关于建构社会主义和谐社会若干重大问题的决定》,进一步明确要"建设服务型政府,强化社会管理与公共服务职能",这标志着建设服务型政府的价值开始得到中央政府的确认,也是服务型政府建设的实践进入第二阶段的开端。2007年10月,中共十七大再次提出了"加快行政管理体制改革,建设服务型政府"的要求。至此,服务型政府建设被列入构建社会主义和谐社会的重要内容。

根据中共十七大的精神,建设服务型政府需要"加快推进政企分开、政资分开、政事分开、政府与市场中介组织分开,规范行政行为,加强行政执法部门建设,减少和规范行政审批,减少政府对微观经济运行的干预。……加大机构整合力度,探索实行职能有机统一的大部门体制,健全部门间协调配合机制。……加快推进事业单位分类改革"。这标志着服务型政府建设实践的第二阶段不再是各地方政府的独自探索,而是在中央领导下的全面铺开。

通过对中国探索服务型政府的实践过程的分析,不难发现:服务型政府建设的实践探索是围绕着一系列具体的主题展开的,这些主题包括:

主题一:改革审批制度,转变政府职能。随着改革开放的深入,行政审批制度与中国社会发展、政府职能转变的需要之间的冲突越来越明显,因而推进行政审批制度改革势在必行。自从开始服务型政府建设以来,行政审批制度改革始终是其中的一项重要内容。

主题二:优化行政程序,提高服务效率。在地方政府探索服务型政府的实践中,优化程序、提高效率的做法一直是被作为一个切入点来看待的。不少地方政府开始让政府上网,运用网络技术建立起网上政府平台,积极推出电子政务和网上办公。电子政务的推广和新的网络工具的使用推动了服务方式的改进,进而使政府的服务效率得到更大的提升。

主题三：实行政务公开，打造阳光行政。服务型政府建设是具有时代特征的，反映了时代的要求：一方面，在今天的社会环境中，随着信息传播途径的多元化和易得性，政府不可能垄断所有的信息源，所以，封闭的行政失去了基础，以至于不得不实行政务公开；另一方面，在中国社会转型的过程中，社会的不确定性和复杂性迅速增长，政府不可能独自承担起社会治理的重任，需要与政府之外的诸多主体进行合作共治，而合作共治的前提就是各主体平等互补、信息共享，政务公开则是开展合作的前提条件。所以，在服务型政府建设过程中，"实行政务公开，打造阳光政府"便成了各地和各级政府普遍选择的道路。

主题四：扩大分权范围，寻求良好治理。改革开放以来，"简政放权"一直是中国行政改革的重点，但在不同的阶段，放权的特点、内容和范围又有所不同。随着改革开放进程的不断推进，为增强社会活力、提高行政效率和维持合理的经济发展速度，需要对中央政府的无限权力进行改革和分解。在中共十八大上，将改进公共服务供给方式定位为"加强基层社会管理和服务体系建设，增强城乡社区服务功能，强化企事业单位、人民团体在社会管理和服务中的职责，引导社会组织健康有序发展，充分发挥群众参与社会管理的基础作用"。

主题五：调整财政支出，注重公共服务。改革开放后，为了尽快摆脱贫穷落后的局面采取梯度发展战略，但其带来的后果是在地区之间、城乡之间形成了巨大差距，影响了社会的和谐稳定。虽然采取了许多积极的措施去尽力消除差距和矛盾，但目前地区之间和城乡之间在发展水平和公共服务供给上仍然存在巨大差异。因此，促进地区之间、城乡之间的社会发展和公共服务水平平衡化成了重要难题。国务院在《国家基本公共服务体系"十二五"规划》中明确提出，"建立健全基本公共服务体系，促进基本公共服务均等化，是深入贯彻落实科学发展观的重大举措，是构建社会主义和谐社会、维护社会公平正义的迫切需要，是全面建设服务型政府的内在要求”。

主题六：改革社会组织管理，培养社会治理新主体。长期以来，中国的社会治理都是一种由政府主导的单中心治理模式，随着中国社会的复杂化，政府难以承担起社会治理的所有任务，需要与其他社会主体进行合作，建构起多元主体合作共治的治理体系。社会组织或者说非政府组织是一种不同于政府组织的社会实体，具有多样性、专业性、灵活性、自治性和非营利性等特征，社会组织的这些特征决定了它能够成为我们追求良好治理的理想合作伙伴。

我国从出现探索服务型政府建设的实践活动开始到现在，已经走过了十余年的历程，其中暴露出了诸多问题和不足，主要表现在：

首先，对服务型政府的理解与认识不清晰。通过探索服务型政府建设的实践过程和主要内容进行梳理，发现在建设服务型政府的实践中普遍存在对服务型政府理解不清晰的问题。

其次，对服务型政府建设的长期性和复杂性认识不足。由于对服务型政府普遍存在认识上不清晰和不彻底的状况，导致人们在服务型政府的建设问题上容易出现不切实际的做法。

再次，服务型政府建设中存在“跟风”现象，缺乏创新。建设服务型政府的实践在部分地方政府开始出现之后，迅速就蔓延开来，许多地方政府开始仿效跟风，甚至出现了口号上的较量。

最后，服务型政府建设在政府与民众之间的关注度不一，映射出建设服务型政府的社会基础较弱。

中国建设服务型政府的实践除了暴露出以上问题外，同时还有一些需要准确理解和把握的关键方面，这些方面也决定着服务型政府建设的效果与进展。就目前的状况而言，主要有三个方面：

第一,对行政审批制度进行改革,需要认识到其对政府从管制走向服务的意义。现在我们正努力建设服务型政府,作为一种全新的政府模式,行政审批制度改革既是建设服务型政府的途径,也是结果。如果目前的行政审批制度改革脱离了建设服务型政府的目标规定,有些审批项目再取消一段时间后,仍有可能会重新出现,导致改革的低水平循环。对于行政审批制度改革来说,这是一个需要清晰认识和准确把握的问题。

第二,对大部门体制改革,需要在建设服务型政府的导向下开展。大部门体制改革的目的是通过政府机构改革推动行政体制改革,最终实现政治体制改革。在这个过程中,大部门体制改革发挥着重要的作用,但却不能将其等同于政府机构改革、行政改革,它仅仅是这些改革过程中的一个重要部分。此外,大部门体制改革要以建设服务型政府为基本方向。

第三,大多举措处于试点阶段,效果不明显。在服务型政府的建设实践中,中央政府和地方政府都采取了一系列的举措和做法,其中有些内容从服务型政府建设之初就已出现,目前处于深化和完善的阶段,而像公共服务供给模式的革新和社会组织管理体制改革等做法则是新内容,目前仍处于试点阶段。

第三章　中国文化与服务型政府建设

中国有着绵延几千年的传统文化,如果从文化的历史性的角度考虑的话,毫无疑问,这个博大精深的文化体系是传统中国社会的产物,它是为服务于传统中国社会的发展而存在的。但是,从文化传承的角度来看,中国的传统文化也蕴含着一些超越时代的文化思想和文化精神,它们对今天的中国仍然发挥着一定的积极影响。所以,在中国探索服务型政府建设的过程中,总是自觉或不自觉地受到来自传统文化的影响。通过对中国传统文化与服务政府理论及其建设实践的分析,我们发现中国传统文化体系中的和合思想、民本思想与作为文化形式存在的"日常生活",在服务型政府理论与建设实践的探索和研究中有着不可忽视的积极作用。

第一节　和合思想与政府模式变革

一、中国传统文化中的和合思想

中国传统文化中的所谓"和合",就是在自然界、社会、人际关系、心灵和人类文明等诸领域中,有形的和无形的事物之间相互冲突与融合,并最终生成新的事物、生命和结构方式的过程。中国传统文化的和合精神强调的是一种包容冲突与融合的理念,通过和合的过程来实现对冲突与融合的超越,既不单方面地强调冲突,也不单方面地追求机械、刻板的同一性。"中华人文精神是一种文化会通精神。对待文化学术,有远见的思想家、学问家们都主张'和而不同'的文化观,赞成多样性的统一,反对单调呆板的一致。"在这种文化精神和思维模式的启示下进行社会治理模式变革,对管理行政将会是一种本质性的颠覆,建构起来的社会治理模式也将会是一个能够包容冲突与融合的,能够满足多元化、个性化需求的社会治理模式。

二、和合思想与服务型政府建设

在前工业社会,由于社会基本上处于混沌一体的未分化状态,社会治理模式与政府行政体制之间是一种重合的关系,政府体系就是社会治理体系,主要发挥着统治的职能。随着人类社会从前工业文明向工业文明过渡,"主权在民"思想出现,人们建构起了管理行政的政府模式。在工业化的过程中,身份差序逐渐被权利平等所代替,人们之间不再是一种高低有别的等级关系,在形式上人人平等。同时,在人民主权思想的指导下,人们通过社会契约中的委托—代理过程创立了得到公认的政府。在工业社会的社会治理模式中,人民在形式上拥有主权,实际上则是政府掌握了社会的治权而成为唯一的社会治理主体,这就造成一种局面——人民和政府之间在形式上是统一的,而在现实的社会治理过程中,政府则处于治理体系的中心,人民处于边缘。如此看来,在工业社会的社会治理体系中,政府与社会之间在形式上是融合统一的,而在实际上却是分立甚至是对立的。

在人类社会开始向后工业社会转变之后,既有的社会治理模式受到了根本性的挑战,不得不对其进行变革。后工业社会是一个高度复杂和高度不确定的社会,前工业社会和工业社会的社会治理模式都将难以承担社会治理的重任。社会治理模式从中心—边缘结构向多元主体合作共治的演变过程就是一个和合的过程。和合思想强调:"如只强调斗,或只想调和,都只是一面,不能把一个统一体分割了。事物发展一定是这样的:在一个和合体中,有冲突事物才能发展;同样,有融合事物才能发展。"合作型的社会治理模式代表的是一个和合体,这个和合体是包含着冲突与融合的统一体——冲突代表着和合体中的多元性,融合代表着和合体中的合作关系。所以,在建构合作型社会治理模式时,既不排斥各合作者所具有的个性,也不刻意强调各合作者之间的机械统一,而是在多元化的基础上来促成社会的合作共治。

服务型政府的建设是一个过程,目前的中国正处在这个过程中。在服务型政府建设的过程中必然会引起政府角色和职能体系的变换,这是一个解构与重构同时进行的过程。经过政府角色的转变,政府由管理型政府扮演的唯一治理主体变成互相有别的众多行动者中的一元。政府在角色转变的过程中如何来处理与其他行动者之间的关系，则需要在和合思想的指导下，一方面要正视并明确包括政府在内的所有行动者之间的个性差异，以此来形成灵活性的、多元化的社会治理模式；同时，还要注重政府与其他行动者之间在职能上的融合与互补。但是，建设服务型政府不应仅仅停留在突出政府自身与其他行动者和合作伙伴之间的差异与融合，而是要实现对不同行动者之间的冲突与融合的超越。也就是说，服务型政府建设的过程是一个和合的过程，在这个过程中要建构起一个作为新的和合体的服务型政府。

第二节 民本思想与服务型政府建设

一、中国传统文化中的民本思想

除了和合思想之外，在中国传统文化体系中，民本思想也是一个重要的组成板块。民本思想不是一种仅仅涉及"民"的问题的政治思想，更不是仅仅局限于政治道德、重民政策的政治思想，而是可以包容传统政治思维的全部内容的政治学说体系。在一定意义上，民本思想可以作为中国古代政治思维的总称。也就是说，民本思想在中国古代各家各派的思想中都有体现，诸子百家对民本思想都有自己的论述与认识，只是论述的具体视角不一样而已。

二、民本思想的现实价值

我们今天研究民本思想不应该仅仅满足于弄明白它是什么，而应该搞清楚它对当今时代的意义，也就是民本思想的时代价值。人民主权的思想与工业社会的社会治理模式对于人类社会发展所做出的贡献是伟大的，但是，在全球化、后工业化的今天，这种社会治理模式已不能适应社会发展的需要，需要对其进行变革。工业社会的社会治理体系之所以不能适应当今时代的需求，就是因为中心—边缘结构的社会治理模式在社会高度复杂和高度不确定的情况下，无法很好地承担起社会治理的任务。为此，需要通过与政府之外的"民"（非政府组织、私人组织、个人等）来进行合作共治。如此一来，人民不仅在国家起源、政府建构的思想范畴处于基础性的、决定性的地位，同时，在社会治理的实践环节，人民也能够与政府平等合作，共同治理（而不是参与治理），打破社会治理的中心—边缘结构。简而言之，站在后工业化的时代背景下来理解"民本思想"，我们更加强调"民"的重要性和关键性——不仅在思想层面强调"民"的重要性，在治理实践的环节也必须突出"民"的基础性和不可替代性。只有这样，我们才能解决社会治理领域的难题。在全球化、后工业化的今天，"民"是指全体社会成员；"民"之"本"既存在于思想领域，又存在于实践环节。我们会有这样的认识，是基于对"民本思想"本身的理解，以及根据时代的变化对其进行批判吸收与改造的结果，这从一个方面反映了"民本思想"所具有的现实价值。

三、民本思想与服务型政府建设

在改革开放以前，中国还是一个以农为主的国家，民本思想还未受到更高文明形态的强力洗刷;直到改革开放之后,中国社会直接向工业社会和后工业社会转型,使得民本思想同时经受工业文明和后工业化浪潮的锻造,这便促成改革开放后的中国对民本思想的继承直接而完整。

在改革开放之前,中国没有开始真正的工业化,中国社会在不同领域不同层次上还保有许多农业社会的特征。在传统中国社会中,"民"是相对于"人(君与臣)"而言的,君、臣与民之间的关系形同父子,所以"民"是对被统治对象的概括。改革开放后,虽然《中华人民共和国宪法》中明确规定了"中华人民共和国的一切权力属于人民""中华人民共和国公民在法律面前一律平等",但是在大部分国民的思想意识中,却没有普遍地确立起公民的观念,仍然将政府(官员)与自己的关系不自觉地比附为父子关系、臣民关系、官民关系,将"政府官员"看作"父母官"。按理说,在中国传统的统治秩序被终结后,君民观念和臣民观念就已失去其存活的土壤,在中国社会双重转型的时代环境中,它们更加不合时宜。因此,自近现代以来,中国人民应该树立起公民的意识,在改革开放的新局面下,那些陈旧的观念更应该被彻底消除,形成普遍的公民观念和权利意识,只有这样才符合人类社会发展的趋势和潮流。实现了"民"的观念的转变,对中国社会的双重转型来说只是一项基础性的工作,要想产生实际的效果,还需要实现"民本"之"本"的转变。在当今中国语境下转变"民本"之"本",就是要确立起民为政本的理念及其实现机制,将"民"的关键性和重要性从思想层面扩展到社会治理的层面,以此来解决高度复杂和高度不确定的社会条件下的治理问题。

中国社会的双重转型要求确立起对"民"与"本"的新认识,这对于解决"我们应该建设一种什么样的政府"的问题,有着明确的引导作用。在新的时代背景中,中国不仅要确立起全体人民为国之基础的意识,还

要建构起全体人民为社会治理之关键的体制。在这种情况下来思考
"我们应该建立一种什么样的政府"的问题,可以明确地断定,中国既不
可能倒回到传统社会的统治型政府模式,也不应该建构起西方国家近
代以来所建构的管理型政府模式。因为,在"民"既为国本又为政本的
情况下,政府失去了其社会治理中心的位置,不具备发挥统治职能和以
管理为主的职能的条件,它与其他社会治理行动者之间是一种平等的
合作关系。不同于统治和管理,服务是它的价值取向,这种新的政府模
式即服务型政府。从这个过程来看,服务型政府的理论及其建设实践
能够最先在中国出现,民本思想为我们提供了一条明显的"思想线索"。

　　民本思想作为一种思想线索,除了能够促使服务型政府的理论与
建设实践最先在中国出现之外,它还具有能够指导服务型政府建设的
价值。前面有述,民本思想的核心理念是"以民为本",基本思路是"立
君为民""民为国本""政在养民",其中包含着"利民"、"重民"和"养民"
的思想。服务型政府建设与民(非政府组织、私人组织或者公民个人)
的治权的获取是同步的,也就是说,服务型政府建设是公共性扩散的过
程和结果。此外,服务型政府的建设是一个过程,在这个过程中,政府
不仅要继续秉持为实现公共利益服务的价值观念和倚重人民进行社会
治理的理念,更应该培养出能够承担起社会治理任务的人民,引导其进
行社会治理。我们之所以能够产生这些关于服务型政府建设的观念和
实践上的预期,在一定的程度上是源于对民本思想的时代解读,体现了
民本思想对于服务型政府建设的价值。

第三节　和谐社会建构与服务型政府建设

"和谐"就是指不同人群、不同区域、局部与整体、人与自然之间的协调有序的状态。一个和谐的社会应该是经济、社会、文化、政治全面发展的社会。因此,在科学发展观所主导的社会发展中,所追求的不再是"不平衡增长的连锁反应",相反是杜绝不平衡发展,是在各个领域和层面实现均衡。和谐社会的构建,无非是根据总体性的哲学原则去把握个人、社会和历史发展等不同层面的全面性、动态性和完整性,是人、社会和历史的全面总体化的过程。

与经济快速发展相伴随的,是中国社会结构的严重失衡。为了改变这种失衡的社会结构,政府职能应该从经济建设转向公共服务,提供大量的均衡性公共物品。在中国社会发展模式辩证发展的过程中,后工化进程与和谐社会建设对社会治理模式提出了变革的要求,而政府模式的变革既是这场变革的切入点,也是这场变革的关键。

"和谐社会"理论作为马克思主义中国化的最新理论成果,是以马克思主义的"总体性哲学"为理论基础的。和谐社会理论的提出,是在马克思主义的总体性哲学的指导下联系中国实际的产物。我们知道,改革开放前,中国建立的经济体制、社会组织方式和社会治理体系的原因,使得中国社会成为一个同质性高、结构僵化、具有明显确定性的整体性社会。自从实施改革开放政策以后,随着社会主义法治和社会主义市场经济制度的建立,中国的社会特征发生了巨大的变化:

首先,社会领域开始分化。改革开放后,随着中国农村改革、城市改革、对外开放和市场经济建设的逐步展开,梯度发展模式在中国得以建立,该发展模式打破了中国社会的整体性特征,社会开始朝着分化的方向迈进。

其次,社会分化推动了中国社会治理体系的演变。与中国社会的分化相联系,在改革开放后,中国逐渐从传统社会的统治型国家形式、政府及其行政模式,向管理型的国家、政府及其行政模式转变。

再次,社会成员的角色分化。在改革开放前,中国社会的僵化结构固定了社会成员的活动范围,在"单位制"所建立起来的框架中活动的人们,都有着明确的"身份"。随着改革开放政策的实施,地域和"单位"对社会成员的固定作用渐渐被解除,中国社会开始进入"领域化"进程。通过领域化的重新组织,社会成员的身份不再被限定在单调的范围里,在宪法的意义上,每个人获得了国家公民的身份;在工作的层面,有了国家公职人员,或者商人、教师等等诸多差异明显、边界相对清晰的身份。

通过以上分析,我们知道中国社会的分化与中国社会的发展和现代化是同一个过程,这个过程也就是社会从较低级的阶段向较高级的阶段发展演进的过程。中国目前的社会治理模式变革和政府模式变革不应该以统治型政府和管理型政府为目标,而是要建立一种全新的具有总体性特征的政府模式。基于对中国社会发展的这些认识和解读,中国学者最先提出了服务型政府的理论,并引导着中国政府的行政体制改革在实践上向着建设服务型政府的方向发展。

从各自所要达成的目标和影响的范围来说,"服务型政府"与"和谐社会"分属于不同的领域,但是,就和谐社会和服务型政府在实现自己目标的过程来说,两者也是紧密联系的。具体而言,它们二者之间的关系可以从以下两个方面来认识:

一方面,和谐社会建设与服务型政府建设之间的领域分殊。和谐社会的构想,是在"科学发展观"对"梯度发展模式"否定的基础上确立起来的。也就是说,和谐社会是要改变作为"梯度发展模式"的条件与结果的社会分化与结构失衡状态。和谐社会关于社会发展与建构的预期,就是要实现中国社会在区域之间、人群之间、经济与社会之间、国内与国外之间、人与自然之间的和谐共生,在社会总体的层面上实现均衡发展。与和谐社会的构想不同,服务型政府建设所要完成的直接任务就是要建构起一种能够适应全球化、后工业化趋势的全新的政府模式,这种政府模式的建构,在直接的意义上来讲,仅仅与行政体制改革和政府模式变革相关。所以,相对于和谐社会是一种对中国社会发展的宏观把握而言,服务型政府建设所涉及的主要是社会治理范畴的问题,是对整个社会的一个微观领域的聚焦。

另一方面,和谐社会建设与服务型政府建设之间的深层关联。虽然说在直接的意义上,和谐社会建设与服务型政府建设分属于不同的领域,但就促进中国社会良好发展的目标而言,它们之间又有着不可分割的深层联系。要实现和谐社会的一切美好构想,就要找到或者确立一个恰当的支点。以中国目前的社会结构体系来看,政府自身的状况对于中国社会的发展与变革有着至关重要的作用,这就为和谐社会的建设找到了一个可靠的支点,以此来推进中国和谐社会的建设。从服务型政府与和谐社会之间的深层关系而言,和谐社会是服务型政府建设的目标,服务型政府建设是建设和谐社会的组成部分与必要环节。综合起来看,和谐社会与服务型政府建设,都是以推动中国社会向总体性社会的方向发展为目标。

建设服务型政府的理念之所以最先在中国出现,在一定程度上包含着这样一个逻辑:改革开放后,中国社会的双重转型引起了中国学者对这种转型给社会带来的变化以及这种变化给社会治理带来的挑战进行了思考,同时随着中国对西方公共行政的理论与经验的引介,中国学者将国外公共行政的有益因素同中国本土行政学研究的情况进行话语重组,认为中国后工业化过程中的社会治理模式是从属于"合作"话语体系的,这种新的行政话语体系下的政府模式将是服务型的政府模式。加之政府模式变革对于社会治理模式的转变来说具有关键性的作用,所以在社会的治理模式从工业社会向后工业社会演变的过程中,政府模式变革是切入点,也就是说服务型政府建设是建构多元主体合作共治的社会治理模式的切入点。因此,为了建构起能够适应中国社会的后工业化需求的社会治理模式,中国学者和官员紧扣服务型政府建设这个切入点,以期能够较快较好地向新的社会治理模式过渡。从这个意义上来说,建设服务型政府的理念与实践最先在中国出现,是在中国语境下进行行政话语重组的结果。

和合思想将世界看作一个和合体,其中既有冲突又有融合,当既有的和合体不适应社会发展时,通过对和合体中的矛盾与融合的和合过程,超越既有的矛盾与融合的关系而形成新的和合体。抽象起来看,和合思想揭示了万事万物之间的"个性"与"共性"及其关系的变化。如此一来,服务行政与服务型政府可以被看作是管理行政及管理型政府本身通过和合过程所生成的和合体,这一新的和合体,不仅仅强调公共行政的某一方面,而是一切方面——行政价值、行政主体、行政过程——的和合。所以,中国传统文化中的和合思想对于服务行政以及服务型政府的理论与建设实践在中国的产生,不仅能提供思维方式层面的启迪,还包含着价值观上的引导。

结合当今的时代背景来重新思考"民"与"本"的关系,探索如何确立新的符合时代要求的"民"与"本"之间的关系模式,其结果不是要求建构起一种统治型政府或管理型政府,而是要以全球化、后工业化趋势为导向,建构起一种全新的行政模式和政府模式——服务行政与服务型政府。如此看来,纵使民本思想是一个产生并服务于前工业社会的思想,但通过对民本思想的时代解读能够产生推动行政模式与政府模式变革的动力,它作为进行服务行政和服务型政府理论探索的一个切入点而存在。

和谐社会的建构是以马克思主义哲学体系中的总体性哲学为哲学基础的,它强调社会各区域、各领域之间的和谐共生。与建设和谐社会的构想相适应,我们也需要建构起一种能够服务于和谐社会建设的政府模式,从这个角度来看,服务型政府建设是建设和谐社会的一个组成部分。服务型政府建设是建设和谐社会的切入点。和谐社会所具有的总体性是一种具体的总体,它将体现在和谐社会的一切构成之中。服务型政府建设作为建设和谐社会的一个组成部分和切入点,也必然是以总体性哲学为哲学基础的,是以总体性哲学来指导行政学研究和行政改革的必然结果。

Part II

第二篇

习近平总书记关于
服务型政府建设重要论述的
意蕴及来源

第四章　习近平总书记关于服务型政府建设重要论述的理论和实践来源

改革开放以来,中国特色社会主义行政体制改革成为整个体制改革过程中的关键问题。中国共产党十六届六中全会对构建社会主义和谐社会作出全面部署,提出要建设服务型政府,加强公共服务和社会管理职能。"建设服务型政府"正式成为政府转变职能的总目标和总要求。中国共产党第十七次全国代表大会明确提出:"要加快行政管理体制改革,建设服务型政府。"党的十八大以来,以习近平同志为主要代表的中国共产党人进一步凸现以人民为中心的政治价值观,进一步强调和明确建设人民满意的服务型政府这一目标。党的十九大以来,面对中国特色社会主义新时代对服务型政府提出的新要求,《中共中央关于坚持和完善中国特色社会主义制度 推进国家治理体系和治理能力现代化若干重大问题的决定》再次强调"建设人民满意的服务型政府"①。建设人民满意的服务型政府成为建立中国特色社会主义行政体制、完善政府治理体系的战略目标。研究探索习近平总书记关于建设服务型政府的重要论述,对促进我国服务型政府的建设和经济社会的发展,具

---

① 中共中央关于坚持和完善中国特色社会主义制度 推进国家治理体系和治理能力现代化若干重大问题的决定[M].北京:人民出版社,2019:16.

有重要的价值和意义。

任何思想和理论的产生,都有其理论和实践来源。习近平总书记关于服务型政府的重要论述是马克思主义政府建设相关思想和理论的继承和发展,是中国共产党带领人民建设人民政府经验的凝结升华,是中国特色社会主义新时代的国情、民情问题导向的实践必然,为推动我国服务型政府的建设提供了行动指南。

第一节　马克思关于社会主义政府建设的相关理论

马克思在《共产党宣言》《1844 年经济学哲学手稿》《1848 年至 1850 年的法兰西阶级斗争》《法兰西内战》《资本论》《哥达纲领批判》等重要著作中,对资产阶级政府的种种弊端进行了深刻批判,基于巴黎公社的伟大实践,提出建立无产阶级政府的论述,指出无产阶级政府的实质是通过工人阶级和劳动人民选举产生自己的政府。马克思政府建设思想的形成,并不是一蹴而就的,而是经历了一个相当长的发展过程。

年轻时期的马克思是哲学家黑格尔的忠实崇拜者,受黑格尔哲学思想影响较大,所以马克思早期思想中的理性主义、人本主义、自由主义倾向较为严重,他认为,国家及其政府应该是理性和道德的化身,强调政治理性,维护公共利益。马克思在《莱茵报》工作期间(1842—1844年),撰写了大量文章阐述理性主义政府有关思想。但当他看到普鲁士政府为维护林木所有者的利益欺压群众、官员之间互相推诿等社会现实时,其笃信的理性政府观念开始发生动摇,开始从唯心主义向唯物主义转变。他立足于社会现实,认为理性政府不是最理想的政府形式,当然资产阶级政府也不是最理想的政府形式,提出政府应是服务社会和人民的工具。在此基础上,马克思对无产阶级政府的产生环境、价值追求、发展逻辑等内容做了深刻阐述。这些思想主要体现在《1844 年经济学哲学手稿》《关于费尔巴哈的提纲》和《共产党宣言》等著作中。在《共产党宣言》中,马克思对无产阶级政府的物质基础、当前任务、革命目标及具体举措等内容做了详细阐述,为建立无产阶级政府指明了方向。在《资本论》中,马克思进一步从历史必然性和价值合理性上,对建立无产阶级政府进行了阐述。在《法兰西内战》中,马克思高度赞扬巴黎公社的成功经验,就无产阶级政府建立问题提出具体建议。马克思关于政府建立的思想和理论,归纳起来,主要包括以下内容:

一、无产阶级政府的"人民性"属性

在《法兰西内战》中,马克思较为集中地论述了无产阶级政府建立的有关问题,阐述了无产阶级政府的本质。马克思指出,无产阶级政府是"属于人民的政府,由人民掌握的政府"。政府作为管理公共事务的机构,应当承担为人民创造自由和充分发展条件的责任,无产阶级专政国家的政府是属于人民的,政府的权力是人民的权力,政府代替人民行使权力,理所当然地就应该服务人民,为每个人的自由全面发展创造机会和条件。马克思在《共产党宣言》中指出:"代替那存在着阶级和阶级对立的资产阶级旧社会的,将是这样一个联合体,在那里,每个人的自由发展是一切人的自由发展的条件。"[①]马克思坚持历史唯物主义观点,认为"人民群众是历史的创造者",人民群众是生产力的直接推动者,是社会财富的直接创造者,无产阶级政府为人民服务是天经地义的,这是

---

① 马克思,恩格斯.马克思恩格斯全集:第 1 卷[M].北京:人民出版社,2012:422.

无产阶级国家及其政府为人民服务的科学依据。

二、无产阶级政府"议政合一"的组织形式

19 世纪 70 年代,马克思通过对法国巴黎公社建立无产阶级国家及其政府的实践的研究和分析,提出建立无产阶级国家及其政府,需要将普选制和人民代表制结合起来,实行真正的人民民主。在无产阶级政府组建过程中,全体人民都要参与投票,公社委员会及其下属的职能部门成员均由全民选举产生。马克思在《法兰西内战》中指出,警察不再是中央政府的工具,而且应该成为公社的勤务员,像其他所有行政部门的公职人员一样由公社任命,而且随时可以罢免……法官也应该由选举产生,可以罢免,并且对选民负责。这一举措体现了真正的人民民主。在巴黎公社中,人民代表是由人民自己选举出来的代表自己权益的"人民的勤务员"。马克思指出,多种多样的人把公社看成自己力量的代表者,这证明公社完全是一个具有广泛代表性的政治形式,公社是法国社会的一切健全成分的真正代表,因而也就是真正的国民政府。

对于无产阶级政府的组织形式,马克思认为,巴黎公社的"议政合一"方式是一个理想的选择。早在巴黎公社革命之前,马克思就曾对普鲁士的"中央集权制"和法国的"三权分立制"等政府和政权组织形式进行过批判。马克思认为,普鲁士的"中央集权制"将政府等同于宪法,庞大的官僚机构及其工作人员是国家的主人,人民只是它们的附属物。法国的"三权分立制"虽然实现了形式上的民主,但这种民主仍然是为少数人谋利益的,是虚假的民主,无法解决社会和国家之间的矛盾冲突。而在巴黎公社中,情况完全不同,这里实行"议政合一",巴黎公社委员会是其最高权力机关,同时管理立法和行政。公社委员会实行集

体领导制度,公社委员兼任各部门负责人,公社实行立法权与行政权的统一,"公社是一个实干而不是议会式的机构,它既是行政机关同时也是立法机关"①。"议政合一"的组织形式,即可以精简部门,又可以提高效率,克服政府运行中的官僚主义。统一立法和行政是巴黎公社对"三权分立制"模式的超越,克服资产阶级政府的官僚主义,从根本上保证人民利益的实现。

三、无产阶级政府具有政治职能和公共服务职能

马克思坚持历史唯物主义观点,结合所处社会的基本情况和特点,对无产阶级政府的职能进行了阐述。马克思认为,无产阶级政府既是实行无产阶级专政的工具,同时也是维护人民利益的机构,与此相应,无产阶级政府的职能就包括镇压剥削阶级的政治职能和促进社会发展和公平的公共服务职能。政治职能是政府通过暴力机关行使的约束、控制、镇压被统治阶级的职能。无产阶级政府的政治职能虽然具有有限性,但它在无产阶级国家及其政府建立之初及发展的特殊时期,具有重要的作用。这一职能不仅能够保证无产阶级国家及其政府的建立,而且能够保证维护人民权利和社会稳定。正如马克思所指出的,在消灭私有制与阶级、进入共产主义社会之前,无产阶级政府依旧需要行使政治职能。

除政治职能外,无产阶级政府还应该承担公共服务职能。马克思在《不列颠在印度的统治》中指出,建设公共工程是所有的政府都不得不执行的一种职能。② 在《资本论》中,马克思指出,政府执行由一切社

---

① 马克思,恩格斯.马克思恩格斯全集:第 17 卷[M].北京:人民出版社,1963:341.
② 马克思,恩格斯.马克思恩格斯全集:第 17 卷[M].北京:人民出版社,1963:341.

会的性质产生的各种公共事务。^①马克思阐述的公共服务职能主要包括建设公共工程、管理公共事务、维护公共秩序等方面的内容。公共服务职能是广泛而持久的,是无产阶级政府永远要坚持和履行好的一个职能,它对维护人民的利益、促进人民的自由充分发展具有重要作用。

四、无产阶级政府应建立"廉洁、高效、尽责"运行机制

马克思政府建设理论对无产阶级政府的运行机制问题进行了多方面的探索。首先,马克思提出了责任政府的概念,责任政府的本质是"政府对人民负责",政府一切活动都是"以人民群众的名义,并且是公开为着人民群众及生产者群众的利益而进行"的,政府的宗旨是为人民服务,政府要"防范的是骑在人民头上作威作福的老爷,取而代之的是人民勤务员"^②。其次,马克思提出"廉价政府"的概念,针对当时法国庞大的政府机构给社会和人民群众带来的巨大负担和影响,马克思指出,必须"打碎这个缠绕在法国人民身上的蜘蛛网"^③,建立无产阶级廉价政府。马克思高度赞扬巴黎公社建立廉价政府的做法,包括裁撤全部资产阶级专制机构、精简政府办事人员、制定严格的工资制度、确保所有公职人员的工资水平和工人保持一致。马克思指出:"公社实现了所有资产阶级革命都提出的廉价政府这一口号,因为它取消了两个最大的开支项目,即常备军和国家官吏。"^④另外,马克思肯定了巴黎公社政府廉政建设的做法,即公社委员会的全部组成人员直接从人民中选出、取

---

① 马克思,恩格斯.马克思恩格斯全集:第17卷[M].北京:人民出版社,1963:293.
② 马克思,恩格斯.马克思恩格斯文集:第3卷[M].北京:人民出版社,2009:158.
③ 马克思,恩格斯.马克思恩格斯全集:第3卷[M].北京:人民出版社,2002:156.
④ 马克思,恩格斯.马克思恩格斯全集:第3卷[M].北京:人民出版社,2002:162.

消高薪和特权、培养官员的公仆意识等,这些措施将从根本上制约政府及其官员的权力,保证巴黎公社政府的良性运转,实现政府的真正廉洁。

第二节　列宁关于社会主义政府建设的理论与实践

列宁坚持历史唯物主义观点,将马克思主义政府建设理论与本国的社会主义建设实际相结合,成功地建立了世界上第一个社会主义国家,实现了人民当家作主。为了巩固新生的苏维埃国家政权,列宁十分重视苏联社会主义政府的建设工作。列宁领导的苏联社会主义政府建设主要包括廉价政府建设、法治政府建设、对政府的监督、执政党建设等方面的内容。

一、建立廉价政府

马克思在总结巴黎公社的成功经验时,高度评价了公社政权机构和公职人员权力的设置办法,认为这是社会主义国家建立廉价政府的重要参考"模板"。列宁继承和发展了马克思的廉价政府思想,带领苏联人民实践廉价政府的建设。首先,精简政府机构,缩减政府支出。1922 年,列宁在苏联共产党第十一次代表大会的报告中指出:"最近把各种委员会清理了一下,总共有 120 个委员会。有多少是真正必要的呢? 只有 16 个。而且这已不是第一次清理了。有些人不是对自己的工作负责,不是把决议提交人民委员会,也不知道自己对此负有责任,而是躲在各种委员会后面。在这些委员会里是一团混乱,谁也弄不清是谁负责;一切都乱成一团,最后做出由大家共同负责的决定。"①针对苏联建国初期机构臃肿、人浮于事的问题,以列宁为核心的党中央提出精简国家机构、建设廉价政府。根据工作任务确定机构设置及其工作人员编制,提出将现有工作人员减少25%~50%。经过几年的努力,至1925年,苏联中央机关的人数比1923年缩减了29%,机关部门工作经费和工资总额大幅度减少,精简机构取得了明显成效。

其次,取消特权,惩处腐败。设立官员工资标准,取消干部特权。早在十月革命之前,就在《四月提纲》中提出,无产阶级夺取政权后,所有官员的工资不得超过熟练工人的平均工资。十月革命后,列宁在领导苏维埃政权建设的过程中,实施了类似巴黎公社的工资制度,取消了干部的一切特权,对高级职员征收特别税,削减过高的薪金和退休金。列宁本人以身作则,他的工资与工人的工资相仿,不因自己国家领导人的身份搞特殊化。同时对贪污腐败行为严惩不贷。列宁指出,要依法严惩贪污腐败分子。根据列宁的要求和建议,苏联人民委员会通过了《关于惩办受贿的法令》,对贪污受贿分子制定了严厉的惩处措施。惩处贪污腐败分子,净化了党风和社会风气,树立了共产党在人民心中的良好形象,为建设和巩固苏维埃政权提供了重要保证。

二、建立法治政府

列宁认为无产阶级的政府必须依法行政,依法进行社会管理,所以加强法制建设、完善法律体系是社会主义国家及其政府进行行政管理和社会管理的重要保障。法制建设首先要坚持民主立法的原则。列宁

---

① 列宁.列宁全集:第43卷[M].北京:人民出版社,1990:112.

指出："民主的组织原则,其最高形式是群众不仅参加或监督一般规章、决议和法律的讨论,还要直接执行这些规章、决议和法律。要给每一个代表提供这样的条件,使他们既能参加国家法律的讨论,也能参加选举自己的代表,参加执行国家的法律。"①其次,法律的健全要做到与时俱进,适时调整。列宁指出:"我们根据经验知道,修改法令是必要的,因为遇到了新的困难,是新的困难不断促使我们进行修改。"②在苏维埃政权建立的前五年,在列宁的领导下,新建苏维埃政府根据社会发展和变化情况,先后出台或修改了一百多项重要法令。再次,要严格遵守和执行法律。法律面前人人平等,不允许任何个人在法律上享有特权,每个官员特别是共产党员要带头遵守法律法规,维护法律的尊严。

三、加强对政府及其工作人员的监督

列宁十分重视对政府机关、部门及其工作人员的监督,他指出:"计算和监督是使共产主义社会正常运转所必需的主要条件。"③列宁充分借鉴巴黎公社的人民监督制度的经验,结合苏维埃政权的实际情况,确立了苏联民主监督制度。民主监督制度是全方位的,包括党内监督、行政监督、群众监督、舆论监督等多方面的内容。

首先,建立监察委员会,实行党内监督。由于机关很多工作人员都是共产党员,加强对政府机关的监督,实际上主要就是对机关工作人员中共产党员的监督,为此列宁提出建立独立行使职权且具有高度权威的党的监察委员会。1921年,苏联共产党第十次代表大会做了《关于

---

① 列宁.列宁选集:第 34 卷[M].北京:人民出版社,1985:43.
② 列宁.列宁选集:第 34 卷[M].北京:人民出版社,1985:469.
③ 列宁.列宁全集:第 34 卷[M].北京:人民出版社,1960:246.

监察委员会的决议》,设立了党内最高监察机关——中央监察委员会,并在各省设立相应的地方监察委员会。赋予中央监察委员会与中央委员会同等的权力,同时给予监察委员会相对的独立性。决议指出:"监察委员会委员不得兼任党委委员,也不得兼任负责的行政职务。为了加强工作并有可能对问题进行全面调查研究,监察委员会应当有一定数量的专职委员。监察委员会委员在任职未满前不得调任其他工作。检查委员会的决议,本级的委员会必须执行,而不得加以撤销。如果有不同意见,可以把问题提交给联席会议解决,如果同级党委会不能取得协议,可以把问题提交代表大会或本级代表会议决议。"①

其次,建立监察人民委员部,实行行政监督。监察人民委员部是国家的监察机关,负责行政机关内部的监督。后来监察人民委员部改为工农监察院。列宁多次强调监察机构应当实行自下而上的监督,独立行使职权。同时,列宁特别重视监察人员队伍建设和工作人员工作作风改进的问题。列宁指出:"我们必须用完全特殊的方法,经过极严格的考试来挑选工农监察院的工作人员。"②"当前的首要任务不是发指令,不是改组,而是挑选人才,建立各项工作的个人负责制,监查实际工作。否则便无法摆脱我们的官僚主义和拖拉作风。"③

再次,制定工人监督条例,实行群众监督。群众监督是监督体系中的重要组成部分,列宁非常重视群众监督对国家权力机关的监督作用。在苏维埃政权建立初期,在列宁的领导下,党中央就制定了工人监督条例,将工人的监督作为国家的一项基本规定和政策加以实施。条例规定,地方和工业区设立工人监察委员会,对企业的生产和分配实行直接

---

① 列宁.列宁全集:第 4 卷[M].北京:人民出版社,1995:780.
② 列宁.列宁全集:第 43 卷[M].北京:人民出版社,1995:381.
③ 列宁.列宁全集:第 35 卷[M].北京:人民出版社,1995:544.

监督。同时,列宁还提出非党工人和农民参加工农监察院,听取会议和
查阅文件,就有关事项提出意见和建议。此外,列宁创立了非党工农代
表会议,广泛开展人民群众对政府管理工作的监督,拉近了政府机关和
人民群众之间的距离,改进了政府机关的工作作风。列宁还提出建立
信访举报制度,对信访工作做出详细的规定和要求,通过信访工作的开
展,促进政府机关发现问题,克服官僚主义。

最后,发挥报纸、刊物等新闻媒介的作用,实行舆论监督。列宁十
分重视对政府机关履职情况的舆论监督。他提出新闻媒体要加强对国
家权力机关的监督,曝光国家干部队伍中的贪污腐败行为和问题。列
宁指出:"我们不希望有什么秘密。我们希望政府时刻受到本国舆论的
监督。"①列宁要求报纸公开揭露共产党队伍中的官僚主义分子,以及中
央和地方政府的不法行为。苏联党中央要求《经济生活报》跟踪监督各
级机关的工作执行情况,披露和批评消极和不负责任的机关及其工作
人员。

四、重视执政党建设

列宁认为,苏联共产党是执政党,在社会主义建设中处于领导地
位,发挥着极其重要的作用。为了推动社会主义建设事业,必须加强执
政党建设。首先,要深刻认识苏联共产党在社会主义建设事业中的重
要性。1921 年,列宁在苏联共产党第十次代表大会上指出:"只有工人
阶级的政党,即共产党,才能团结、教育和组织无产阶级和全体劳动群
众的先锋队……并领导全体无产阶级的一切联合行动,也就是说在政

---

① 　列宁.列宁全集:第 33 卷[M].北京:人民出版社,1990:14.

治上领导无产阶级,并且通过无产阶级领导全体劳动群众。"①其次,要增强机关工作人员的责任心和担当精神,提高他们的科学文化水平、马克思主义理论水平和行政管理水平。列宁指出:要管理就要懂行,就要精通生产的全部情况,就要懂得现代水平的生产技术,就要受过一定的科学教育。另外,列宁提出苏联共产党要努力推进组织建设,提高党员队伍的廉洁性和纯洁性。

第三节　马克思主义中国化的社会主义政府建设理论和实践

中国共产党坚持历史唯物主义观点,将马克思主义政府建设理论与中国政府具体管理实践相结合,并借鉴苏联及东欧社会主义国家管理的经验和教训,在实践探索中不断发展中国特色社会主义政府管理思想,丰富和创新马克思主义政府建设理论和思想。

一、毛泽东社会主义政府建设理论与实践

中华人民共和国建立后,以毛泽东为核心的党中央第一代领导集体继承马克思主义政府建设理论和思想,借鉴苏联社会主义建设经验,创立符合我国国情的社会主义政府建设思想。毛泽东政府建设思想和理论主要包括政府建设宗旨、政府建设运行机制、政府建设方法和途径、加强党对政府建设的领导等内容。

---

① 中共中央马克思恩格斯列宁斯大林著作编译局.列宁专题文集:第五卷[M].北京:人民出版社,2009:299.

（一）"为人民服务"是政府建设的宗旨

毛泽东指出,社会主义社会性质决定了社会主义政府必须是"人民利益至上",努力做到"为人民服务"。为人民服务和群众路线是毛泽东政府建设思想的精髓之所在。"为人民服务"最早是毛泽东在1944年悼念张思德同志的演讲中提出来的,之后中国共产党第七次全国代表大会将"全心全意为人民服务"写入党章,成为中华人民共和国政府的根本遵循和宗旨。毛泽东指出:"我们的政府是真正代表人民利益的政府,是为人民服务的政府。"[①]"我们的宪法有规定:国家机关实行民主集中制,国家机关必须依靠人民群众,国家机关工作人员必须为人民服务。"[②]"我们这个队伍完全是为解放人民的,是彻底为人民利益工作的。"[③]毛泽东在《论联合政府》中对"为人民服务"作了更深层次的全面系统的论述,他指出:"全心全意地为人民服务,一刻也不脱离群众;一切从人民的利益出发,而不是从个人或小集团的利益出发。"[④]社会主义国家政府要真正做到为人民服务,就必须坚持人民当家作主的基本原则,努力实现和保障人的全面自由发展。毛泽东指出政府的行政管理工作要充分保障人民的自由权利,实现人的全面自由发展。"全国人民都要有人身自由的权利,参与政治的权利和保护财产的权利。全国人民都要有说话的机会,都要有衣穿,有饭吃,有事做,有书读,总之是要各得其所。"[⑤]政府机关及其行政管理必须认识到"人民的言论、出版、集

---

① 毛泽东.毛泽东文集:第7卷[M].北京:人民出版社,1999:205.
② 毛泽东.毛泽东文集:第7卷[M].北京:人民出版社,1999:207.
③ 毛泽东.毛泽东选集:第3卷[M].北京:人民出版社,1999:1004.
④ 毛泽东.毛泽东选集:第3卷[M].北京:人民出版社,1999:1931.
⑤ 毛泽东.毛泽东选集:第3卷[M].北京:人民出版社,1991:808.

会、结社、思想、信仰和身体这几项自由,是最重要的自由。"①政府部门及其行政管理要以追求人民的自由为根本目的,积极创造条件实现人民的全面自由发展。毛泽东在强调追求人民自由权利的同时,还强调要增强人民的身体素质和文化素质。毛泽东曾提出"发展体育运动,增强人民体质"的指示,号召开展全民健身运动。为了提高人民的文化素质,毛泽东号召大力发展教育,多办补习班、学习班、扫盲班,向工人农民传授社会科学知识和自然科学知识,引导、教育人民掌握好"民族的科学的大众的文化"②。

群众路线是毛泽东为人民服务思想的重要组成部分。毛泽东指出:"一切为了群众,一切依靠群众,从群众中来,到群众中去,把党的正确主张变为群众的自觉行动。"③毛泽东要求把"一切为了群众、一切依靠群众"作为政府工作的核心理念,并切实落实到实际行动之中,帮助群众解决实际问题。同时要坚持"从群众中来、到群众中去"的工作原则,深入人民群众之中,认真听取他们的意见,虚心向人民群众学习,从群众的议论中去发现问题并提出解决问题的方法。

(一)坚持"精兵简政"的政府建设原则

中华人民共和国成立后,以毛泽东为核心的党中央第一代领导集体,吸收马克思主义政府建设思想,借鉴苏联社会主义国家政府建设经验,结合中国当时经济社会发展实际情况,进行了适合中国国情的廉政政府的建设。首先,毛泽东借鉴马克思主义廉价政府建设思想,推行

---

① 毛泽东.毛泽东选集:第3卷[M].北京:人民出版社,1991:1070.

② 毛泽东.毛泽东选集:第2卷[M].北京:人民出版社,1991:708.

③ 中共中央文献研究室.改革开放三十年重要文献选编(下)[M].北京:中央文献出版社,2008:1748.

"精兵简政"政策。早在抗日战争时期,毛泽东就在解放区施行"精兵简政",撤销了解放区政府多余的部门和不称职的工作人员。抗战时期的"精兵简政",精简了政府行政机构及其工作人员,提高了工作效率,改进了工作作风。延安时期,毛泽东实行"精兵简政"提出一条重要原则:机构改革必须适应职能的要求及其变化。"要求从战争与农村环境着想,注意组织精干、分工合理,使政策能贯彻下去,使工作效率能大大提高,使军事行动能灵活便利。"①1950年,我国颁布实施的《省人民政府组织通则》《市人民政府组织通则》《县人民政府组织通则》中明确规定了精简机构的统一标准。与此同时,毛泽东开创了我国的反腐败运动。在民主革命时期,为防止党内的腐败行为,毛泽东领导开展了"反贪污、反浪费、反官僚主义"的"三反"运动,在全党范围内开展了思想道德教育;同时倡导勤俭节约,要求政府部门必须坚持勤俭节约的办事原则,而且在几十年甚至更长的时间里都应该如此。

(二)建设法治政府

毛泽东认为法制建设是政府建设中的一项重要任务,他强调政府建设中一定要加强法制建设,建立健全法律体系。毛泽东结合我国社会主义建设实际,提出适合我国国情的法治思想和原则:一是建立健全法律体系。新中国成立初期,我国的法律体系残缺不全,法律法规空白很多,急需建立完善法律体系。面对这种客观实际,毛泽东大力推动法律体系建设,制定了《中国土地法大纲》《中华人民共和国土地改革法》《中国人民政治协商会议共同纲领》《中华人民共和国宪法》等一系列重要的法律文件,填补了新中国很多法律方面的空白,为新政权的巩固和运行提供了重要的法律保障。二是坚持民主的立法原则。在制定法律

---

① 刘益涛.毛泽东与延安时期精兵简政[M].西安:陕西人民出版社,1993:84.

法规的过程中,毛泽东强调要坚持群众路线,广泛听取人民群众的意见和建议。二是坚持实事求是的原则。要求制定法律法规要以国家的实际情况为依据,不能凭空臆造。四是严格遵守和执行法律。制定法律重要,执行法律更为重要。毛泽东要求人人都要遵守和执行法律,特别要求共产党员应带头遵守法律法规,不允许任何人尤其是领导干部在法律上享有特权。

(三)加强政府工作作风建设

毛泽东十分重视政府机关及其工作人员工作作风的建设,为此,他多次对政府工作人员进行教导和告诫。新民主主义时期,针对党内部分干部存在的脱离群众、形式主义的党八股作风、拉帮结派的宗派主义作风,毛泽东做了一系列反对党八股、反对宗派主义、整顿党的工作作风的会议讲话,要求党员干部树立真心实意为人民服务的工作作风,密切联系群众,反对形式主义的党八股作风和拉帮结派的宗派主义作风。

社会主义建设时期,他告诫全党:"务必使同志们继续地保持谦虚、谨慎、不骄、不躁的作风,务必使同志们继续地保持艰苦奋斗的作风。"①这种作风革命时期需要,社会主义建设时期同样需要。他强调政府工作人员要向马克思、恩格斯、列宁学习,老老实实做人,踏踏实实做事。

毛泽东高度重视政府工作人员民主作风的建设。他多次强调依靠人民群众的重要性,指出政府部门要为人民群众表达诉求提供民主的氛围,认真听取人民群众的意见,善于进行批评与自我批评,养成良好的民主作风,并将民主作风切实落实到实际行动中。

协商民主是毛泽东民主主义建设的重要内容。毛泽东历来十分重视通过民主协商来解决重大政策问题。毛泽东是中国协商民主的首创

---

① 毛泽东.毛泽东选集:第4卷[M].北京:人民出版社,1991:1438.

者和实践者。早在 1941 年召开的陕甘宁边区参政会议上,毛泽东就指出:"国事是国家的公事,不是一党一派的私事。因此,共产党员只有对党外人士实行民主合作的义务,而无排除别人、垄断一切的权利。"①之后他又提出建立有各党派以及无党派民主人士代表参加的联合政府的设想。1956 年社会主义改造完成后,毛泽东对中国协商民主的经验进行了总结,他指出:"究竟是一个党好,还是几个党好? 现在看来,恐怕是几个党好。不但过去如此,而且将来也可以如此,就是长期共存,互相监督。"②毛泽东民主协商的思想和实践,充分展现了毛泽东的民主作风和宽大胸襟,推进了社会主义民主政治的发展,对改进政府的民主作风、加强政府管理产生了重要影响。

毛泽东十分重视思想政治工作,认真做好干部队伍建设,指出在用人上要贯彻"任人唯贤"路线,掌握德才兼备标准。通过人才的严格选拔,达到改善工作作风的目的。

(四)加强党对政府建设的领导

坚持党对政府工作的领导,是我国社会主义政府建设过程中的一条根本原则。毛泽东十分重视党在社会主义事业建设和政府建设中的重要作用。他指出:"领导中国民主革命和中国社会主义革命这样两个伟大的革命到达彻底的完成,除了中国共产党之外,是没有任何一个别的政党(不论是资产阶级政党或小资产阶级的政党)能够胜任的。"③毛泽东多次强调,坚持党对政府建设工作的领导,首先就要坚持马克思主义的指导地位不动摇,运用马克思主义实事求是、与时俱进的历史唯物

---

① 毛泽东.毛泽东选集:第 3 卷[M].北京:人民出版社,1991:809.
② 毛泽东.毛泽东文集:第 7 卷[M].北京:人民出版社,1999:34.
③ 毛泽东.毛泽东选集:第 2 卷[M].北京:人民出版社,1991:652.

主义观点,不断推进马克思主义政府建设理论的创新。其次要坚持把马克思主义政府建设理论与中国的具体实践相结合,创建适合中国国情的社会主义政府建设理论和模式,发扬"中国作风"和"中国气派",走中国特色政府发展道路,使中国的政府管理模式和体制既能坚持马克思主义基本原理,又能体现民族的特点,具有民族特色。再次要坚持党对政府运行中的重大问题的领导。比如政府运行中的组织建构和人员配备、舆论准备和社会动员、法理准备和规则体系等重大问题,都必须接受中国共产党的领导,服从党中央的意志,同党中央保持高度一致。

毛泽东十分重视思想政治工作,认真做好干部队伍建设。指出在用人上要贯彻"任人唯贤"路线,掌握德才兼备标准。通过人才的严格选拔,达到改善工作作风的目的。

二、邓小平社会主义政府建设理论与实践

邓小平继承和发展了毛泽东全心全意为人民服务的重要思想,开启了改革开放新征程,进行中国特色社会主义政府建设的初步探索,对社会主义政府建设的根本宗旨、核心任务、政府自身的改革、法治政府的建设等方面提出了许多重要论述,丰富和创新了马克思主义政府理论。邓小平政府建设思想发轫于改革开放和社会主义市场经济建立之初,当时政府改革的重点是计划经济时期的政府集权、微观干预、政府命令式管理以及政府工作人员的官僚主义,以建立与适应和促进社会主义市场经济发展需要的分权管理、宏观调控、依法行政,这个时期是我国服务型政府建设的初步探索阶段。

(一)把人民利益作为政府建设的根本宗旨

邓小平继承和发展了毛泽东全心全意为人民服务的思想,在领导

社会主义政府建设过程中,始终把提高人民生活水平放在首位,把关切人民、重视人民利益作为一切工作的指导思想,把"人民拥护不拥护""人民赞成不赞成""人民高兴不高兴""人民答应不答应"作为制定各项方针政策的出发点和归宿。1983年他与国家计委、国家经委和农业部负责人谈话时指出,政府各项工作都要有助于建设中国特色的社会主义,都要以是否有助于人民的富裕幸福,是否有助于国家的兴旺发达,作为做得对或不对的标准。1992年视察南方的重要讲话中,进一步指出政府的工作必须以"三个有利于"作为判断是非的标准,即政府的工作要有利于发展社会主义社会的生产力,有利于增强社会主义国家的综合国力,有利于提高人民的生活水平,其中"有利于提高人民的生活水平"是最终的落脚点。而要提高人民的生活水平,满足人民物质文化的基本需求,就必须发展经济。为此,邓小平提出,要把国家和政府的工作重心转移到经济建设上来,实施改革开放,解放生产力,发展生产力,为改善民生奠定经济基础。邓小平指出:"不坚持社会主义,不改革开放,不发展经济,不改善人民生活,只能是死路一条。"①

邓小平强调,人民政府要对人民负责,请人民做党和政府一切工作的评判员。要真正做到问政于民、取信于民。因为人民是社会实践的主体,真理的标准就掌握在人民手中。发展中的许多问题是无法从马克思主义理论中找到现成答案的,需要取信于民,向人民群众请教,在人民群众中去求证,获得解决问题的途径和办法。

另外,邓小平坚持马克思主义唯物史观,把人民视为真正的历史创造者。一是尊重人民群众的首创精神,不断激发人民群众进行社会主义建设的积极性和创造性;二是把权力还给人民,让人民成为自立自主的社会主人。改革开放以来,在从农村到城市的经济体制改革中,他都

---

① 邓小平.邓小平文选:第2卷[M].北京:人民出版社,1993:370.

想尽办法给人民松绑,让人民享有充分的自主权利,能够放开手脚创造自己的新生活。还权于民和尊重人民的首创精神,赢得了人民的拥护,国家获得了飞速发展,人民生活水平迅速提高。

(二)制度化建设是政府建设的重要保证

由于受传统文化和思想的影响,我国传统的政府管理最突出的弊端就是强调"治心",而忽视"治身",政府管理缺乏制度化,权力过于集中、权力责任利益脱节、推诿扯皮问题严重。针对这些问题,邓小平指出必须进行政府管理体制的改革,实行政府管理的制度化。邓小平指出:"制度好可以使坏人无法任意横行,制度不好可以使好人无法充分做好事,甚至走向反面。"①因此,要努力加强制度建设。首先,要健全领导制度、组织制度、考核制度、监督制度、责任制度等各种制度,形成健全的制度体系,以法治代替人治,通过政府管理的制度化推动政府职能的转变。其次,要扩大地方、企事业等的管理自主权。改变计划经济体制下的集权和"全能"型的管理方式,还权、放权于地方、企事业单位,调动地方、企事业单位的积极性,建立与市场经济发展要求相适应的政府管理体制,推动生产力的发展。再次,要加强民主法制建设,运用法律手段管理政府。邓小平高度重视和强调社会主义民主法制建设,要求做到"有法可依、有法必依、执法必严、违法必究"。邓小平指出,社会主义政府必须是法制化的政府,依法办事就是在保障人民的利益,政府管理要朝着制度化、法律化方向发展。

(三)加强干部队伍建设

邓小平政府建设理论非常重视人的问题,对干部队伍建设问题做

---

① 邓小平.邓小平文选:第2卷[M].北京:人民出版社,1994:333.

过很多重要论述。建立服务型政府、推进政府管理现代化,关键是要有一批既懂政治又懂管理的合格的管理者队伍。针对我国政府工作人员管理素质和水平的问题,邓小平强调目前重要的问题并不是干部太多,而是懂行的人太少。所以,邓小平提出要造就一批革命化、年轻化、专业化、知识化的政府管理人才,提高政府管理水平,适应市场经济发展的需要。他要求各级干部尤其是领导干部,要抓紧时间学习,熟悉马克思主义基本理论、熟悉现代自然科学、社会科学基础知识,尤其要熟悉政府管理科学知识。

另外,邓小平十分重视政府工作人员的作风建设。针对政府部门存在的办事拖拉、办事效率低下、衙门作风、官僚主义等问题,邓小平提出要改进政府部门的工作作风,提高服务质量和水平。邓小平指出:"什么是领导?领导就是服务。"[①]"领导者必须多干实事。那种只靠发指示、说空话过日子的坏作风,一定要转变过来。"[②]

三、江泽民社会主义政府建设理论与实践

江泽民继承马克思主义政府建设思想,依据世情、国情、党情、民情的变化,对新世纪我国社会主义政府建设进行了深入的理论分析和实践探索,进一步凸显中国特色社会主义政府建设中的人民性、理性、法治和开放性的特点,使中国特色社会主义政府建设更加深入和规范。

(一)强调宗旨意识,努力创建为民政府

执政为民始终是我党和我国政府一贯坚持的原则,以江泽民为核

---

① 邓小平.邓小平文选:第1卷[M].北京:人民出版社,1993:147.
② 邓小平.邓小平文选:第3卷[M].北京:人民出版社,1993:373.

心的党中央领导集体继承和发扬这一优良传统,提出"三个代表"重要思想。其中"始终代表中国最广大人民的根本利益"是"三个代表"中服务型政府建设思想的集中体现。江泽民要求政府工作人员"始终代表中国最广大人民的根本利益",是对马克思、恩格斯"人民群众是历史的创造者"的继承和发展;是对列宁"人民利益至上"理论的继承和发展;是对毛泽东"全心全意为人民服务"理论的继承和发展;是对邓小平"发展生产力以提高人民物质生活水平"论述的继承和发展,是服务型政府建设的根本理念。

江泽民多次强调,中国共产党作为执政党,为人民服务是其根本宗旨。他在 2001 年的"七一"讲话中指出:"党的理论、路线、纲领、方针、政策和各项工作,必须坚持把人民的利益作为出发点和归宿,充分发挥人民群众的积极性、主动性、创造性,在社会不断发展进步的基础上,使人民群众不断获得切实的经济、政治、文化利益。"[①]江泽民要求政府及其工作人员群众工作要做细做实,使人民群众感到满意,使人民群众能够得到真正的实惠。江泽民指出,政府的工作要让人民群众"感到党和政府是真心实意维护群众利益、关心群众疾苦的。这样,群众就会真心实意拥护我们,积极帮助和配合我们处理好各种矛盾和问题。"[②]"越是在群众有困难的时候,领导干部越是要体贴群众,与群众同甘共苦、共渡难关。如果不这样去做,而是面对群众的困难熟视无睹、漠然处之,那就会严重败坏党和政府的形象。"[③]

江泽民强调,政府工作在实现广大人民根本利益过程中,还要正确处理整体利益和各方面利益的关系。江泽民指出:"我们所有的政策措

①　邓小平.邓小平文选:第 3 卷[M].北京:人民出版社,1993:121.
②　江泽民.江泽民文选:第 3 卷[M].北京:人民出版社,2006:270.
③　江泽民.江泽民文选:第 1 卷[M].北京:人民出版社,2006:363.

施和工作,都应该正确反映并有利于妥善处理各种利益关系,都应该考虑和兼顾不同阶层、不同方面群众的利益。"①兼顾各方面的利益,是人民利益多元化格局下满足人民利益最好的办法。

(二)加强机构改革和建设,增强政府组织实力

江泽民强调要在加强宗旨意识的基础上,改革和完善政府机构,增强政府组织实力。

江泽民在其执政期间,始终把政治体制包括行政体制改革放在重要地位,采取切实措施,促进政府机构的改革和建设。针对我国长期以来政府机构臃肿、冗员较多、工作效率低下、服务意识差等问题,江泽民提出进行精简政府机构的改革。1993 年以江泽民为核心的党中央进行了机构改革的初步尝试,这次改革将部委数控制在了 40 个,机构总数减少到 59 个。在总结前期改革经验的基础上,1998 年进一步加大精简政府机构改革的力度,政府管理部门大幅度减少,国家部委减少到了 29 个,机构总数减少到了 53 个,人员编制数减少到了 1.6 万人。②

在精简政府机构的基础上,江泽民提出要同时转变政府职能,特别要注意调整国家与企业和国家与市场之间的关系,尖锐指出政府干预企业经营活动和政企不分的弊端。"由于机构庞大,分工过细,权力过大,人员过多,政企不分的现象仍未得到改观,政府直接干预企业的生产经营或政府自己办企业,参与市场经营活动的现象比比皆是,企业的自主权受到了严重侵犯。"③因此,在社会主义市场经济中,政府要合理定位自己的角色,正确处理与市场、企业之间的关系。

---

① 江泽民.江泽民文选:第 2 卷[M].北京:人民出版社,2006:147.
② 江泽民.江泽民文选:第 3 卷[M].北京:人民出版社,2006:279.
③ 朱光磊.现代政府理论[M].北京:高等教育出版社,2006:168.

  江泽民在推行政府机构改革和职能转变中,也十分重视基层政府的建设和改革问题。江泽民指出,基层组织首先要解决好形式主义和官僚主义问题。江泽民在中国共产党十五届五中全会的报告中指出:"现在,在工作作风方面存在的问题,群众反映最大的是两个,一是形式主义,二是官僚主义。这必须引起全党上下的高度重视,必须痛下决心把这两股歪风刹住,越快越好。"①其次,江泽民还十分重视基层民主的建设。基层民主建设是我国民主政治建设的基础,江泽民指出:"发展好基层民主,使广大人民心情舒畅,同时又激发他们进行社会主义建设和改革的热情。"②加强基层民主建设,就是要给基层民主选举、民主决策、民主管理的权利,只有这样,人民群众才会满意,才会拥护共产党的领导,才会坚定地走社会主义道路。

(三)加强制度建设,为政府依法依规行政提供依据

  以江泽民为核心的党中央第三代领导集体在肯定我国既往制度建设成绩的同时,根据时代发展提出的新需要,对制度建设工作提出了新的要求,他要求进一步加强制度建设工作。首先,江泽民十分重视法律制度的建设和完善。他要求建立法律制度必须适合国情、必须保证质量,必须系统全面。江泽民指出:"必须按照市场的一般规则和我们的国情,健全和完善各种法制,全面建立起社会主义市场经济和集约型经济所必需的法律体系。"③江泽民在党的十五大报告中强调:"加强立法工作,提高立法质量,到二〇一〇年形成中国特色社会主义法律体

---

  ① 蒋筱江.社会主义市场经济呼唤政府机构改革[J].社科与经济信息,2000(4).32.

  ② 江泽民.论"三个代表"[M].北京:中央文献出版社,2001:79.

  ③ 孙向军,戴木才.走向中国政治文明——社会主义政治文明论[M].南昌:江西高校出版社,2004:260.

系。"①江泽民强调,法律制度建设要系统全面,要包括国家经济社会发展的方方面面,比如宪法、行政立法、经济立法、军事立法、公务员法、监督法等都需要建立、修订和完善。宪法是我国的根本大法,在社会主义法律制度和体系中处于核心地位。我国现行宪法是 1982 年通过的,是一部具有中国特色、符合社会主义现代化建设的宪法。以江泽民为核心的第三代领导集体先后于 1988 年、1993 年、1999 年和 2004 年进行了四次修宪工作。修宪中补充了实行社会主义市场经济、建设社会主义法治国家、明确非公有制经济对公有制经济的补充等重要内容,将"尊重和保障人权"、"公民的合法的私有财产不受侵犯",以及"中国共产党领导的多党合作和政治协商制度将长期存在和发展"等内容写入了宪法,使宪法内容更符合社会发展的需要。

为适应社会主义市场经济发展的需要,必须建立和完善相应的经济法律制度。1993 年江泽民在八届全国人大一次会议上明确指出经济立法的重要性和紧迫性,并强调要尽快建立、修订和完善经济法律法规。这个时期我国进行了包括公司法、反不正当竞争法、消费者权益保护法、产品质量法、中央银行法、商业银行法、保险法、广告法、房地产管理法等在内的大量的经济法律的建立和完善工作,对专利法、商标法进行了重大修订,完成了经济法律制度体系的基本框架。

为规范政府机关及其工作人员依法行政、规范行政,必须建立和完善行政立法制度,对行政管理、行政程序、行政诉讼、行政监督、行政赔偿等方面作出明确规定。在以江泽民为核心的党中央领导下,为完善刑事法律,相关部门修订了刑法;为完善刑事诉讼程序,修订了行政诉讼法;为规范和监督政府部门权力的规范行使,建立和完善了行政处罚

---

① 江泽民.江泽民文选:第 1 卷[M].北京:人民出版社,2006:512.

法、国家赔偿法、法官法、检察官法、律师法等法律,这些法律对规范政府的行政管理工作起到了重要的促进作用。

为满足国防和军队建设的需要,就必须建立具有中国特色的军事法规制度体系。江泽民在担任军事委员会主席期间,非常重视军事立法制度建设工作。他在九届全国人大二次会议解放军代表团全体会议上强调军事立法工作的重要性,指出要抓紧推进军事立法制度体系建设工作,为军队依规依法开展工作打牢法律基础。在江泽民的领导下,我国制定了《中国人民解放军立法程序暂行条例》,这是我军历史上第一个关于立法程序的军事法规,在此基础上,江泽民主持制定和签署了大批的军事规章和军事法规,我国军事立法制度建设工作走上了规范化的道路。

为提升政府工作人员素质、严格公务员的管理,必须建立完善公务员管理制度。江泽民十分重视公务员管理制度的建设工作。在他的领导下,我国先后出台了《国家公务员暂行条例》《国家公务员制度实施方案》等制度文件,文件对公务员考试录用制度、竞争机制、考核机制、辞职辞退制度等都做了明确规定。对公务员源头进行控制,"使各级行政机关录用主任科员以下人员形成'凡进必考'的局面,严把了公务员队伍的'进口',确保了公务员队伍的素质。……竞争上岗拓宽了选人用人视野,有利于防止用人上的不正之风,克服长期以来存在的论资排辈、能上不能下等弊病,促进优秀人才的脱颖而出。……辞职辞退制度的建立,使国家行政机关开始改变长期存在的'能进不能出'的状况,形成能进能出、优胜劣汰的新机制,对增强公务员的危机感、紧迫感,促进公务员队伍的'高效、精干、廉洁'具有重要意义。"[1]

---

① 江泽民.江泽民文选:第1卷[M].北京:人民出版社,2006:30.

（四）打造公务员队伍，树立良好的政府形象

"治国之机，在于明选。"建立服务型政府除了合理的制度为其提供外在条件外，打造一支出色的公务员队伍、规范政府工作人员的行为也是极其重要的。江泽民在建设服务型政府的过程中，非常重视公务员队伍的建设，注意规范政府工作人员的行为。首先，江泽民要求政府工作人员要加强学习。不仅要学习理论知识，而且要学习与自己业务相关的专业知识。江泽民指出："加强马克思主义理论学习，仍然是摆在全党面前的一项紧迫而重大的任务，必须持之以恒的加以推进。"①在加强理论学习的同时，"还应该广泛学习经济、政治、法律、科技、历史、文化等方面的知识。学习国际政治和国际经济方面的知识"②。

其次，江泽民强调领导干部要提高领导能力。领导干部在服务型政府建设中承担着重要的责任。领导干部首先要具有较强的政治意识。正确的政治意识是建立服务型政府的前提条件，所以领导干部要具有较强的政治鉴别力和政治敏锐性，坚持正确的政治立场，始终与党中央保持高度一致。江泽民在《领导干部要增强政治鉴别力和政治敏锐性》一文中指出："我们党领导着十二亿人口的国家，保持安定团结的政治局面，不断推进改革和建设，不讲政治是不行的。"③领导干部在工作中还要贯彻民主集中制原则，善于听取人民群众意见和建议，民主决策，科学决策，提高决策的科学性、合理性和实效性。

再次，江泽民强调要规范政府行为，树立良好的政府形象。政府的形象不仅仅取决于政府所倡导的价值理念，更重要的是取决于政府的

---

① 丁向阳.国家公务员制度基本建立[J].中国人才,1997(10):7-8.
② 江泽民.江泽民文选:第2卷[M].北京:人民出版社,2006:367.
③ 江泽民.江泽民文选:第2卷[M].北京:人民出版社,2006:367.

实际行为。政府要在人民群众中树立良好的形象,就必须保证自己的行为规范、合理、优良,符合人民群众的意愿和要求。江泽民强调,政府要在人民群众中树立良好的形象,就必须做到:决策科学化、治理民主化、政务公开化、办事效率化,为政公正廉洁,依法行政,依规办事。

四、胡锦涛社会主义政府建设理论与实践

根据中国特色社会主义新阶段发展特点,胡锦涛在继承毛泽东、邓小平、江泽民的政府建设理论的基础上,进一步发展丰富了政府建设理论,胡锦涛提出科学发展观重要论述,为新时期政府建设提出了新的奋斗目标。

胡锦涛始终把"全心全意为人民服务"作为共产党执政宗旨和立党之本,他把"以人为本"这一核心理念始终贯穿于其政府建设思想的始末,以人民的根本利益为遵循,改革政府机构及其职能,完善政府管理制度,改变政府工作人员工作作风,树立政府在人民群众中的良好形象。

(一)树立以人为本、执政为民的价值理念,努力维护人民群众根本利益

胡锦涛在中国共产党第十七次全国代表大会的报告中对科学发展观作了全面阐述,指出科学发展观的核心是"以人为本","以人为本"就要求政府部门所有的工作都要围绕人民群众的利益诉求,把关乎人民利益的事情维护好、办理好、落实好。以"以人为本"为核心的科学发展观,是马克思主义在新时期的新成果,是胡锦涛对中国共产党"全心全意为人民服务"宗旨的继承和发展。2002年,胡锦涛在河北西柏坡重

温毛泽东"两个务必"讲话时指出，全党要"心中装着人民群众，始终同人民群众同呼吸、共命运、心连心"①，与时俱进，贯彻落实"全心全意为人民服务"②的要求。在2003年"七一"讲话中，胡锦涛又指出："对马克思主义执政党来说，坚持立党为公、执政为民，维护好、发展好最广大人民的根本利益，充分发挥全体人民的积极性来发展先进生产力和先进文化，始终是最要紧的。"③2003年胡锦涛在中共中央召开的"三个代表"重要思想研讨会的讲话中指出："是否始终站在最广大人民的立场上，是区分唯物史观和唯心史观的分水岭，也是判断马克思主义政党的试金石。"④在中国共产党十六届三中全会上，胡锦涛代表党中央明确指出："坚持以人为本，树立全面、协调、可持续的发展观，促进经济社会和人的全面发展。"⑤这是我国第一次将"以人为本"作为政府的价值理念写入党的决议。以人为本、执政为民，代表广大人民的根本利益，是事关中国共产党能否执好政、能否赢得民心的大问题。2011年，胡锦涛在中国共产党第十七届中央纪律检查委员会第六次会议上重申："以人为本、执政为民是马克思主义政党的生命根基和本质要求，全党务必牢固树立以人为本、执政为民的价值理念。"⑥将以人为本、维护人民群众的根本利益，作为党和政府各项政策方针的出发点和落脚点，作为衡量党的一切工作的根本标尺，真正做到一切为了人民、一切依靠人民。胡锦涛首次提出"权为民所用、情为民所系、利为民所谋"，要求政府部门及其工作人员要科学合理地运用权力，维护人民的根本利益，向人民提

---

① 江泽民.江泽民文选:第2卷[M].北京:人民出版社,2006:114.

② 胡锦涛.胡锦涛文选:第2卷[M].北京:人民出版社,2016:9.

③ 胡锦涛.胡锦涛文选:第2卷[M].北京:人民出版社,2016:9.

④ 卢先福,宋福范.十六大以来党的理论创新(上)[M].北京:人民出版社,2007:119.

⑤ 中共中央文献研究室.十六大以来重要文献选编(上)[M].北京:人民出版社,2005:369.

⑥ 胡锦涛.胡锦涛文选:第2卷[M].北京:人民出版社,2016:37.

供优质的服务。深入人民群众之中听民声、思民意、体民苦,帮助群众解决实际困难和问题。

(二)改革政府组织机构及其职能,提高政府工作绩效

政府的工作绩效不仅关系到政府存在的合法性,也关系到政府在人民群众中的形象。胡锦涛指出,要通过改革政府组织机构及其职能,简政放权,降低行政成本,提高行政效率,促进政府工作绩效的提升。首先,精简机构,降低行政运行成本。针对我国政府长期存在的机构臃肿、责权不清、行政成本高等弊端,以胡锦涛为核心的党中央强调"减员增效"的重要性和必要性。在中国共产党第十七次全国代表大会的报告中,胡锦涛提出要努力规范并精简各级行政机关,减少政府行政层次,降低政府的运行成本,着力解决我国政府机关机构权力重置、职责不清等问题。调整和改革政府机构设置,减少领导职数,严格控制政府机关编制人员数量。其次,简政放权,建设理性的政府。现代政府一个重要的特点就是权力的"有限性"和服务的公共性。要建设服务型政府,就必须按照现代"有限性"政府的要求,转变政府管理职能,下放政府管理权限,扩大地方和企业的权利,防止政府对企业及其经济活动的过多干预,发挥政府在经济活动中应有的职能和作用。为此,在以胡锦涛为核心的党中央领导下,国务院于 2008 年启动了"大部制"改革。"大部制"改革将本来不属于政府管理范围之内的事项移交给市场和企业,把属于政府管理范围内的事项做好做到位,充分发挥市场在资源配置中的决定性作用,政府集中精力做好市场监管、经济调节、公共服务、社会管理等方面的工作,为建设责任型政府、高效型政府、服务型政府奠定良好的体制机制基础和条件。再次,责权分明,建设责任型政府。胡锦涛指出,我国政府推行政府简政放权,不能因此就认为政府是"有

作为"的政府了。所谓"有作为"的政府,必须是根据自己的职能职责,将自己应该做的工作做好做到位。也就是说,必须根据政府的管理目标,在享有一定管理权力的同时,承担相应的管理责任,行使管理职能中出现违法或者不当的行政行为,要追究当事人的责任。责任和权力的统一,就能较好地实现对政府行政管理行为的管理和控制,促进责任型政府的建设。通过责权关系调整、行政问责,胡锦涛逐渐树立起责任型政府的概念。

(三)加强制度建设,规范政府的行政行为

胡锦涛非常重视建立、完善和落实各项行政制度,依靠制度来监督和制约行政权力和行政行为。首先,加强行政法律制度建设。胡锦涛指出必须制定全面的、可操作的、符合实际的行政法律制度体系。在以胡锦涛为核心的党中央领导下,2004年国务院出台了《全面推进依法行政实施纲要》。《纲要》规定了全面推进依法行政诸如政府职能转变、科学民主决策、行政执法体制、社会矛盾化解机制、行政监督机制、制度建设质量等七项任务,每一项任务的完成,都需要相应的制度建设。胡锦涛主政期间,我国建立了诸如《新政处罚法》《行政许可法》《行政强制法》等多项行政法规,这些法律法规对推动我国政府依法行政和规范政府部门及其工作人员的行政行为起到了重要的作用。

其次,加强行政监督制度的建设。2005年在十六届中央政治局第二十七次集体学习上,胡锦涛强调,要不断完善对行政管理权力的监督机制,加强对政府决策、执行等环节的监督,建立符合科学发展观和正确政绩观的干部考核评价制度,完善依法行政监督机制。① 在行政监察

---

① 中共中央文献研究室.十六大以来重要文献选编(上)[M].北京:人民出版社,2005:465.

和审计方面颁布了多部法律。2010年十一届全国人大十五次常委会审议通过了关于修改《中华人民共和国行政监察法》的决定。新修订的《行政监察法》将监察对象的范围扩大到"国家行政机关及其公务人员和国家行政机关任命的其他人员"①，进一步加强对行政部门及其工作人员的监察，提升行政监察的力度和效果。

再次，加强反腐倡廉制度建设。胡锦涛十分重视从制度着手开展反腐工作。他强调指出："要适应新形势、新任务的要求，加强以党章为核心的党内法规制度体系建设，提高制度建设的质量和水平，做到用制度管权、用制度管事、用制度管人，推进党的建设和党内生活制度化、规范化，也推进党风廉政建设和反腐败工作的制度化规范化。"②胡锦涛主政期间，反腐倡廉制度建设主要包括监督制度、预防制度、惩罚制度等方面制度的建设。监督制度的建设不仅包括制度设计的建设，也包括实践方法的建设，不断改革和完善各项党内党外监督机制，将监督工作切实落到实处。预防制度建设主要包括建立健全防腐的信息系统、建立防止利益冲突的制度、加强反腐倡廉工作风险的控制，建立长效的反腐倡廉制度等。惩罚制度建设包括查处腐败的制度、对腐败人员惩处的制度等。通过建立监督、预防、惩处等方面的制度，从而遏制腐败的发生，对政府工作人员产生警示作用，有利于维护政府部门的形象。

另外，加强政务公开的建章立制工作。胡锦涛十分重视政务公开和建章立制工作，促进政务公开规范运行。在以胡锦涛为核心的党中央领导下，2005年，中共中央办公厅、国务院办公厅出台了《关于进一步推行政务公开的意见》，这是我国下发的第一个政务公开的规范性文件。《意见》提出要加强制度建设，严格按制度办事，使政务公开规范运

---

① 胡锦涛.胡锦涛文选：第3卷[M].北京：人民出版社，2016：475.
② 雷厚礼.十六大以来党的执政实践和理论研究[M].北京：人民出版社，2009：73.

行。2008 年,国务院又出台了《中华人民共和国政府信息公开条例》,这个条例的颁布,标志着我国的政务公开工作进入"有法可依"的时代。2011 年,中共中央办公厅、国务院办公厅再次出台《关于深化政务公开加强政务服务的意见》,对之前出台的"意见"进行了修改、充实和完善,形成了较为系统全面的政务公开制度。政务公开制度主要包括信息公开工作考核制度、信息公开社会评议制度和信息公开工作责任追究制度。

第四节　中国传统文化中国家治理有关思想

中国传统文化历经千年发展至今,蕴含着极其丰富的人类智慧和思想精粹,其中不乏国家治理的思想和主张,对中国政治和社会发展产生了重要影响。习近平新时代中国特色社会主义思想及其关于服务型政府建设的重要论述,吸收了中国传统文化中的许多思想,他经常在讲话中,引经据典,借鉴中国传统文化的思想和观点,去解决现在的矛盾和问题。

中国文化博大精深,源远流长,其中蕴含着丰富的国家治理思想和智慧。这些思想和智慧对推进国家治理体系和治理能力现代化以及服务型政府建设的实践具有重要的启迪。中国传统文化中有关国家治理的思想在儒家、道家、墨家的思想中最为集中,也最具有代表性。下面分别做归纳和概括。

一、儒家的治国思想和理念

儒家的治国思想和理念主要包括"仁政爱民"的仁治思想、"为政以德"的德治思想和"克己复礼"的礼治思想。儒家以"民本君末"为治国理念,以"天下为家"为治国理想,以"道德至上"为治国境界,形成"仁治""德治""礼治"的思想体系。

(一)"仁政爱民"的仁治思想

"仁治"在儒家治国思想中占据着重要地位。"仁治"的核心就是"仁者爱人",因此儒家提出"仁政爱民"的治国思想和主张。孔子在回答衰公有关为政的问题时讲到"古之为政,爱人为大",意思是说古人治理国家,总把关爱民众作为第一大事。孔子主张"因民之所利而利之",主张国家在政策上利民,无费于财,做惠民的好事。孔子的弟子子张问孔子如何从政?孔子回答:做到"尊五美、屏四恶"即可。"五美"就是"惠而不费,劳而不怨,欲而不贪,泰而不骄,威而不猛","五美"中的首项就是"因民之所利而利之"。郑国的子产治理国家成绩突出,孔子赞美子产有四大功德,其中两条就是"养民也惠""使民也义",意思是说只有满足了老百姓的生活需求,对其宽厚,才能使其按照君主的想法去做需要做的事情。孟子提出"民为贵,社稷次之,君为轻"的思想,他将民排在君的前面,意在表达民是君的政治依靠,所以贵,以此正确地反映君民关系。孟子主张君王应当让老百姓住有房、耕有田、受教育、懂礼义,这样天下的老百姓就会归顺于君王了。要想使天下长治久安,重要的是要做到"不扰民""不虐民""顺天致性"。荀子在继承孔孟二人思想的基础上,提出"君者,舟也;庶人者,水也。水则载舟,水则覆舟",深刻地指出了民众在国家生死存亡中的重要作用。君主热爱人民,则天下归,国家就会变得越来越强大;反之,君主不顾人民死活,则天下去,国家的运势就会逐渐衰退。正所谓"得民心者得天下"。所以,"仁政爱民"便是"王道"的基础,是治国安民的重要法宝,是社会和谐的重要条件。

(二)"为政以德"的德治思想

儒家非常看重道德在治国和社会发展中的重要作用,孔子说:"为政以德,譬如北辰,居其所而众星共之。"意思是说,统治者如果能够实施"德治",群臣百姓就会像众星一样围绕在其周围。正因为如此,儒家提出"德治"的治国思想,强调"为政以德",主张以道德教化的方式治理国家。儒家指出为政者要具备较高的道德修养,修己安人,树德化民,以实现天下大治。孔子说:"政者正也,子帅以正,孰敢不正?"这句话的意思是说,为政者首先要做到自身品行端正,这样才具有人格魅力,才能够发挥道德示范作用。孟子曾说过:"以德行仁者王,王不待大。"意思是说,如果以良好的道德行为来实施统治,这样的君王就是"仁君",在"仁君"的治理之下,无须等待,国家自然就会昌盛。孟子还说过:"以德服人者,中心悦而诚服也。"意思是说,用道德使人服气的,才是真正的心悦诚服。此外,孟子在谈到人的道德修养时指出:"天下之本在国,国之本在家,家之本在身。"即是说,一个人要齐家、治国、平天下,成就一番事业,实现人生价值,最根本的就是要有良好的道德修养。

(三)"克己复礼"的礼治思想

中华民族素有"礼仪之邦"的美誉,"以礼治国"是儒家一贯的政治主张。孔子说:"君子博学于文,约之以礼。"意思是说,要成为一个君子,就必须具有广博的人文学识,而又能用礼来约束自己的行为。孔子强调:"不学礼,无以立。"认为一个人如果不学习礼的规范,不用礼来约束自己,在社会上就立不住。为此孔子建议要对人进行礼乐教育。孔子一向推崇礼仪,强调仁义,认为以礼治天下,百姓就会使自己的行为举止符合"礼"的要求,社会就会形成规范和良好秩序。孔子说:"道之以政,齐之以刑,民免而无耻;道之以德,齐之以礼,有耻且格。"这句话的意思是说,如果只用行政命令和刑罚去整治民众,那么,他们虽然可能为了免于刑罚而不去触犯法律,但内心并不感到羞耻,不会心悦诚服。如果用"德治"来实施领导,用仁政和诚信去引导民众,用"礼乐"去教化民众,他们就会怀有羞耻之心,知荣辱,辨是非。也就是说,礼治具有较好的教化作用,它可以使人心良善,长幼有序,忠君爱国,整个社会才能和谐安宁。荀子曾提出"人无礼则不生,事无礼则不成,国无礼则不宁"的观点,把"礼治"作为最高层次的治国理念,发挥"礼治"在政治生活中的重要作用。

需要特别指出的是,儒家讲的治国理政中的"仁治""德治""礼治"并非完全孤立的,它们之间具有紧密的联系,既相互影响,又相互支撑。它们之间的关系可以概括为:仁内礼外、互为表里,德治为先、礼刑并用。只有将三者结合起来合理地加以利用,才能达到良好的治国效果。

二、道家的治国思想和理念

道家以"民本君末"为治理理念,以"天下为公"为治国理想,以"天地境界"为治理境界,形成"无为而治"的治理思想。

(一)"无为而治"的思想

"无为而治"的思想是由道家的创始人老子提出来的。老子说:"我无为,而民自化;我好静,而民自正;我无事,而民自富;我无欲,而民自朴。"这句话的意思是说:我无为,人民就自我化育;我好静,人民就会遵纪守法;我无事,人民自然富足;我无欲,人民就自然朴实。当然,老子所说的"无为而治"不是"什么都不做",而是不要任意妄为,给人民空间使其发挥自身的能力和创造力,这样就会实现国家的繁荣和社会的发展。所以,"无为而治"中"无为"的真正含义并不是为了"无为",而是为了"无不为"。因此老子又讲:"为无为,则无不治""道常无为而无不为",深刻地阐述了"无为"和"无不为"之间的辩证关系,也准确表达了"无为而治"的真正含义。

另外,老子还强调"以道莅天下"。老子说:"侯王若能守之,万物将自化。化而欲作,吾将镇之以无名之朴。镇之以无名之朴,夫将不欲。不欲以静,天下将自定。"意思是说,侯王如果能够按照"道"的原则来为政治民,万事万物就会自我化育。而当产生贪欲时,就要用"道"来镇住它,用"道"的"真"和"朴"来镇服它,这样就不会再产生贪欲之心了。倘若万事万物没有了贪欲之心,天下安宁与稳定也就水到渠成了。老子还指出:"治小国,若烹小鲜",老子认为治国就像烹饪小鱼一样,如果经常翻腾反而会把小鱼搅烂,因此如果随意打扰百姓,天下也会发生混乱。

(二)"非战"的思想

"非战"是老子治国思想的重要内容之一。老子反对不义之战,指出靠战争和杀人是无法"得天下"的。老子说:"兵者不祥之器,非君子之器,不得已而用之,恬淡为上。胜而不美,而美之者,是乐杀人。夫乐杀人者,则不可以得志天下矣。"这句话是说,兵器是一个不祥的东西,不是君子所使用的东西,万不得已时才考虑使用它,最好淡然处之,胜利了也不要自鸣得意,如果自以为了不起,那就是喜欢杀人。凡是喜欢杀人的人,就不可能得志于天下。老子主张臣子应以"道"而不是靠武力辅佐君主。老子说："以道佐人主者,不以兵强天下,其事好还。"意思是说,以道辅佐君王的人,是不主张以武力逞强天下的。不用武力来解决问题,事情就有回旋的余地,就可以达到天下太平的目的。老子同时讲道："善有果而已,不以取强。"意思是说,善于用兵的人,只要达到用兵的目的也就可以了,并不以兵力强大而逞强好斗。这些论述充分表达了老子反对不义之战的治国思想。

(三)"顺应天道、顺应自然"的思想

道家的"天人观"认为"道"育化了天地万物,是宇宙万物的本源,是天地万物的主宰。老子指出"道生一,一生二,二生三,三生万物",庄子继承了老子的思想,指出"自本自根,未有天地,自古以固存,神鬼神帝。天生天地",揭示了"道"创生万物的过程。老子提出"人法地,地法天,天法道,道法自然",认为君主治理国家时应该顺应天道,顺应自然万物守则,给人民一个舒适、自由的生活环境,不要强迫人民去做一些违反自然规律的事情。庄子还说"汝游心于淡,合气于漠,顺物自然而无容私焉,而天下治矣",意思是说,君主应让自己的心境处于保持本性、无所修饰的状态,精神逍遥,淡然处之,无为而生,心平气和,顺应事物的自然发展而没有半点儿的偏私,天下就能大治了。

道家认为天、地、人都应效法无为的自然,不可以肆意妄为。天仅仅是自然现象的一种,并不能高高在上。人也一样,人也只不过是自然界中的一个自然物,是万物的一部分,当然,同样为人,不应该有贵贱的差异或尊卑的区别,君民之间应该保持自然而和谐的关系。道家主张君主应该以"垂拱而治"作为治理国家的有效方式。对此,庄子提出"与天为徒者,知天子之与己,皆天子之",强调君主和普通百姓应该是平等的关系,由此提出他们的"君民观"。

　　总之,"无为而治""非战""顺应天道、顺应自然"的思想观点,都是道家治国思想体系的重要内容,这些思想在中国传统文化中占据着重要的地位。

三、墨家的治国思想和理念

　　墨家治国的思想和理念也很丰富,包括兼爱、非攻、尚贤、节用、节葬等许多方面,但以"兼爱""非攻""尚贤"最为突出。

　　(一)"兼爱"的思想和理念

　　墨子主张"兼爱",就是人与人之间包括国与国之间要相互友爱,而且这种友爱不分远近、不分亲疏、不分等级、不分贵贱,无差别地爱所有人,也就是墨子所说的"爱无差等"。墨子指出要"兼相爱",就必须要"做利他人之事"。当然"做有利他人之事",并不意味着只利于他人,其实利益是相互的,因而决不可做牺牲他人的事情。牺牲他人利益的同时亦将损害自己。只有人们各不相害、彼此相利,把个人利益建立在整体利益之中,并把两者糅合在一起,才能实现互利和双赢。所以墨子强调,人与人之间包括国与国之间要"兼相爱""交互利"。只有实现了"兼相爱""交相利",才能够"诸侯相爱则不野战,家主相爱则不相篡,人与人相爱则不相贼,君臣相爱则惠忠,父子相爱则慈孝,兄弟相爱则和调。天下之人皆相爱,强不执弱,众不劫寡,富不侮贫,贵不敖贱,诈不欺愚"。就是说,诸侯因相爱不再恶战了,家主因为相爱不再相篡夺,人人相爱不再相残害;君臣因相爱而仁惠忠诚,父子因相爱而慈爱孝顺,兄弟因相爱而和谐协调。天下人都相爱,强者就不会控制弱者,人众的就不会掠夺人少的,富裕的就不会欺侮贫穷的,尊贵的就不会傲视低贱的,狡诈的就不会欺骗愚昧的,从而建立一个和谐的社会。

在墨子看来,天下许多丑陋时弊,根源都是人与人之间不相爱。"国之与国之相攻,家之与家之相篡,人之与人之相贼,君臣不惠忠,父子不慈孝,兄弟不和谐"等等,都是人与人之间不相爱的结果。墨子曾说:"今诸侯独知爱其国,不爱人之国,是以不惮举其国以攻人之国。今家主独知爱其家,而不爱人之家,是以不惮举其家以篡人之家。今人独知爱其身,不爱人之身,是以不惮举其身以贼人之身。是故诸侯不相爱则必野战;家主不相爱则必相篡;人与人不相爱则必相贼;君臣不相爱则不惠忠;父子不相爱则不慈孝;兄弟不相爱则不和调。天下之人皆不相爱,强必执弱,富必侮贫,贵必敖贱,诈必欺愚。凡天下祸篡怨恨,其所以起者,以不相爱生也,是以仁者非之。"就是说,诸侯只知爱己国而不爱他国,就会攻击他国,引发恶战;家主只知爱自家而不爱别家,就会相互篡夺;个人只知爱自己而不爱别人,就会相互残害。所以说,诸侯不相爱,就会相互混战;家主不相爱,就会相互伤害;人与人不相爱,就会相互伤害;君臣不相爱,就不会仁惠忠诚;父子之间不相爱,就不会慈爱孝顺;兄弟之间不相爱,就不会和谐协调。天下所有的人都不相爱,就会出现强者控制弱者、人众的掠夺人少的、富裕的欺侮贫穷的、尊贵的傲视低贱的、狡诈的欺骗愚昧的。天下之乱均起源于人与人之间的不相爱,这是仁者所不齿的。

那么,如何实现天下太平和谐呢?老子指出,倘若天下的人均能够做到"兼相爱""交互利""爱人若爱其身",天下自然就太平和谐了。墨子说:"然则兼相爱交相利之法将奈何哉?"其答案在于:"视人之国若视其国,视人之家若视其家,视人之身若现其身。"其意思是说,"兼相爱交相利"如何做呢?答案就是:看别人的国家就好像看自己的国家,看别人的家族就好像看自己的家族,看别人的身体就像看自己的身体一样。墨子在此提出了人际交往中的一个重要原则——换位原则，"视人若己"，就是多从对方的角度考虑问题，这样可以避免误解、消除冲突。

（二）"非攻"的思想和理念

"非攻"是墨家思想的核心。墨子非攻思想主要针对的是国家内外的相互伤害。这种相互伤害表现为："大国之攻小国也，大家之乱小家也，强之劫弱，众之暴寡，诈之谋愚，贵之敖贱，此天下之害也。又与为人君者之不惠也，臣者之不忠也，父者之不慈也，子者之不孝也，此又天下之害也。又与今人之贱人，执其兵刃毒药水火，以交相亏贼，此又天下之害也。"就是说，大国攻占小国，大家欺负小家，强者凌弱弱者，多数暴虐少数，奸诈愚弄愚笨，权贵蔑视低贱，都可能造成天下的伤害。君主没有仁惠，臣民没有忠诚，父亲没有慈爱，子女没有孝顺，也可能造成天下伤害。另外，将别人视为敌人，以兵器毒药军火对付，进行相互残杀，也可能造成天下伤害。墨子将天下相互伤害分为三个层次：一是国与国之间；二是君臣父子兄弟之间；三是天下的人与人之间。正是由于这三个层面的相互伤害，才导致天下之乱和社会的不和谐。

为了避免相互伤害，墨子提出"非攻"，即反对攻占的主张。墨子说："大不攻小也，强不侮弱也，众不贼寡也，诈不欺愚也，贵不敖贱也，富不骄贫也，壮不夺老也。是以天下庶国，莫以水火毒药兵刃以相害也。"就是说，大国不侵占小国，强者不欺负弱者，多数不虐待少数，奸诈不愚弄愚笨，权贵不仇视低贱，富贵不凌弱清贫，壮年不欺负老年。普天之下，均不能用军火毒药兵器相互伤害。"非攻"思想反映了墨子反对战争的和平愿望。

(三)"尚贤"的思想和理念

"尚贤"也是墨家治国思想的重要内容。《墨子》全书关于"尚贤"有上、中、下三篇,这三篇都是在讲选官用人之道。

首先,墨子非常强调贤能人才的重要性。墨子说:"入国而不存其士,则亡国矣。见贤而不急,则缓其君矣。非贤无急,非士无与虑国。缓贤忘士,而能以其国存者,未曾有也。"意思是说,到一个国家主政却不能蓄纳贤士,那就要亡国了。发现贤人却不急于举用,贤人就会怠慢其国君。没有贤才就不能处理危难,没有贤才就不能与之谋虑国事。怠慢贤才、忘记良士,而能使其国家保存的事,从未有过。墨子还说:"得意,贤士不可不举;不得意,贤士不可不举;……人尚贤者,政之本也。"意思是说,为官者得意时,贤士不可不举用;不得意时,贤士不可不举用;……崇尚贤人,是施政治理的根本所在。

其次,墨子十分注重"用人",具体讲就是究竟什么样的人"可用"、什么样的人"该用",应该有严格的标准。墨子说:"况又有贤良之士,厚乎德行,辩乎言谈,博乎道术者乎!"意思是说,天下贤良之士,必须具有良好的道德和品行,必须能明辨事理,并且通晓治国的道理和方略。

庄子指出,选拔人才应以贤能为标准,唯才是举,而不应有高低贵贱之分,让真正有才能的人参与国家的治理。庄子说:"故古者圣王之为政,列德而尚贤,虽在农与工肆之人,又能则举之,高予之爵,重予之禄,任之以事,断予之令。"意思是说,所以古代圣贤帝王施政,安排位置给品德高尚的人,崇尚贤能的人,即使在农民、工匠或商人之中,有能力的就举荐,给予其高爵位,重赐其厚俸禄,任用其以政事,断定给其政令。墨子又说:"故当是时,以德就列,以官服事,以劳殿赏,量功而分禄。故官无常贵,而民无终贱,有能则举之,无能则下之,举公义,辟私怨,次若言之谓也。"意思是说:所以在这时,按德行列位次,以官职为国家服务,按劳动绩效确定奖赏,按照功勋分给俸禄,因此做官的不会经常富贵,而百姓也不会终身贫贱,有才能的就举荐他,没有能力的就撤下他,举荐要讲公义,回避私人恩怨。其实,墨子所说的"爵""令""禄"用通俗的语言讲,就是职、权、利三者,若要重用贤人,却又不赐此三者,即使是再贤的人也是难以发挥作用的。

另外,墨子还强调选用贤人要量能而用,加强监督。墨子说:"圣人听其言,迹其行,察其所能而慎予官,此谓是能。故可使治国者,使治国;可使长官者,使长官;可使治邑者,使治邑。凡所使治国家、官府、邑里,此皆国之贤者也。"为此,墨子还批评了当时存在的用人不合理现象,"不能治百人者,使处乎千人之官;不能治千人者,使处乎万人之官"。墨子认为,无论是"大能小任",还是"小能大任",对国家而言都是不利的。同时,墨子强调要做好任上的监督工作。如果任上不得力,或管理出现严重失误,就应当"抑而废之,贫而贱之,以为徒役"。也就是要建立严格的任上监督制度,对不称职的官员进行处罚贬用。墨子这些思想虽然历时久远,但科学用人的理念到今天依然熠熠生辉,对我们推进国家和社会治理工作具有重要的借鉴作用。

总之,无论是儒家的"仁治""德治""礼治"的治国思想,还是道家的"无为而治""非战""顺应自然、顺应天道"的治国思想,抑或是墨子的"兼爱""非攻""尚贤"的治国思想,对今天仍然有重要的现实启迪。习近平总书记关于服务型政府建设的重要论述充分吸收和借鉴了中国传统文化思想宝库中的治国因子,创造性地提出了一系列治国理政的新思想新理念。

第五节　习近平总书记关于服务型政府
建设重要论述的实践来源

习近平在就任中共中央总书记和国家主席之前,曾在河北、福建、浙江、上海等基层从政长达 20 多年。长期的地方工作实践对习近平总书记关于服务型政府建设重要论述的形成产生了极其重要的影响。

一、政府工作要充分体现人民性

习近平在地方工作中深刻认识到人民性对执政党的重要性。他指出:人民政府必须坚定不移地坚持人民性,努力做到情为民所系,执政为民,为群众办实事,坚持走群众路线,与人民群众保持紧密联系,认真听取人民群众的意见建议。

(一)努力做到情为民所系

长期的地方工作实践使习近平深深认识到,执政党要执好政,得到人民群众的拥护和支持,必须具有真挚深厚的为民情怀。担任福建省省长时,习近平强调,我们一定要牢记政府前面的"人民"两个字。就任浙江省委书记期间,习近平在《浙江日报》发文,明确指出:"情为民所系是基础,不能做到情为民所系,手中的权就难以真正为民所用,也就难以真正做到利为民所谋。"①情为民所系强调了政府及其工作人员心里

---

① 习近平.之江新语[M].杭州:浙江人民出版社,2007:7.

必须装着人民,为人民群众服务是政府开展工作的基础和前提。习近平号召党员干部要学习树立五种崇高的情感,包括小平同志做中国人民儿子的情怀感、雷锋同志为人民服务的幸福感、孔繁森同志爱人民的境界感、郑培民同志万事民为先的责任感、钱学森同志把群众口碑当作自己无上光荣的光荣感。这五种情感充分体现了中国共产党为人民、爱人民、靠人民的初心和使命。

习近平曾经讲过:"我们的责任,就是向人民负责,为群众解难。既然群众有信访诉求,我们就应该千方百计去排忧,扑下身子去解决,切实履行'权为民所用、情为民所系、利为民所谋'的庄严承诺。"①习近平指出:"一个党员干部只要心里装着群众,真实实意地为人民群众做好事、办实事、解难事,人民群众就惦记他、信任他、支持他;同样地,一个政党,只有顺民意、得民心、为民谋利,才能得到人民群众的拥护和支持,才能永远立于不败之地。作为执政党,党员干部和人民群众的关系就是公仆与主人的关系。离开了人民,我们将一无所有、一事无成;背离了人民的利益,我们这些公仆就会被历史所淘汰。"②习近平经常强调,人民利益高于天,重于山,群众的事再小也是大事,为人民群众的利益,我们可以牺牲自己的一切,在所不惜。习近平不仅是这么讲的,更是这么做的,在他任职河北、福建、浙江、上海等地期间,地方政府出台了许多服务人民群众、为人民群众办实事的政策制度规定,帮助人民群众解决了大量关系到切身利益的生产生活问题,这蕴含着他对人民群众深沉的爱。

---

① 习近平.之江新语[M].杭州:浙江人民出版社,2007:78.
② 习近平.之江新语[M].杭州:浙江人民出版社,2007:216.

（二）全心全意为人民办实事

习近平指出，为民办实事的目的是让人民受益，为民办实事的重点在于能办事、办成事，为民办实事的成效在于让人民群众得到实惠。他在河北、福建、浙江、上海等地方工作期间，非常关心人民群众的生活，把解决群众困难、提高人民生活水平作为头等大事来抓，做了大量民生方面的工作。

其一，建立健全为民办实事政策和制度规定，将为群众办实事制度化。比如，2001年，浙江省委、省政府制定实施《关于建立健全为民办实事长效机制的若干意见》，系统提出了应重点关注民生问题的十个重点领域，通过民情反应、民主决策、责任落实等一系列工作机制，确保为民办实事工作制度化、长效化。又如，在福建期间，为了改变机关对群众上访应接不暇、久拖不决、积压过多的问题，习近平在全省范围内开展了市、县、区联合接访活动。在他的带领下，市领导和职能部门到基层"下访"，了解群众疾苦，为群众排忧解难。

其二，重视群众的"菜篮子"工程。习近平刚到福州工作的时候，这里的蔬菜供应水平很低，大量蔬菜依靠外地供应，老百姓的"菜篮子"是当时的难点热点问题。习近平在工作部署中把"菜篮子"工程放在首位，在调查研究的基础上提出"保面积、扩基地、重投入、多产出、拓流通"的"菜篮子"工作思路。经过努力，"菜篮子"工程取得了显著成效，市场供应充足，老百姓一年四季都可以吃上各种物美价廉的放心菜。

其三，重视群众的住房改善工作。他在福州工作时，市中心很多老百姓住在简陋的木头房子里，空间狭小，卫生条件差，火灾、被盗等情况时有发生。为了改善群众的住房条件，习近平组织实施了"安居工程"和"广厦工程"，改善了群众和机关工作人员的住房条件。

其四,重视救灾扶贫工作。福建依山傍海,洪水、台风等自然灾害频发,给当地的经济和民生带来严重影响。习近平在福州工作期间,面对灾害的影响,一方面改善基础设施条件,提高抵御灾害的能力;另一方面,在灾害来临之际,深入救灾第一线指导工作,组织干部群众奋起抗灾,为群众排忧解难。习近平在福建工作期间,郑重提出:共同富裕是社会主义的本质要求,要充分认识脱贫致富的极端重要性,把它作为利国利民的"德政"、作为建设社会主义新农村的战略性措施来抓;脱贫致富工作要做到"决心不动摇,工作不放松,政策不改变,资金不减少",要花更大精力,组织更多力量,实行政策、科技、投入、服务并举的方针,进一步深化农村改革,立足开发开放,突出科教扶贫,强化基础设施建设,大力发展市场经济,培植自我发展能力,不断增强发展后劲,使脱贫工作达到更高层次,从更大范围、深层次上解决贫困问题。习近平在地方工作期间,始终把扶贫工作放在重要位置,紧紧抓住不放松,采取了领导干部挂钩扶贫点,有关部门、单位、发达地区与贫困县、乡、村结对子帮扶等一系列措施精心分类指导扶贫工作。习近平在上海工作期间,非常关心群众的就业、医疗、教育、住房等问题。他指出,各级领导要千方百计帮助群众解决就业、医疗、教育、住房等实际问题,把更多精力放在关心群众生产生活上,把更多财力放在解决群众最关心、最直接、最现实的利益问题上,让群众在和谐社会建设中得到更多实惠。

（三）坚持走群众路线

习近平不管是在地方工作还是在中央工作,始终坚持党的群众路线的基本原则。因为他深深知道群众的实践中蕴藏着巨大的智慧和力量,政府的工作思路和解决问题的方法都可以从群众中找到答案。习近平指出:"坚持从群众中来到群众中去,一切相信群众,一切依靠群众,一切为了群众。要解决矛盾和问题,就要深入基层,深入群众,拜群众为师,深入调查研究。"①从到河北正定基层锻炼,再到福建、浙江、上海担任省级领导,再到担任国家主席,他始终坚持问计于民的做法,虚心地"放下架子,甘当群众的小学生"。在地方工作期间,为了听到最真实的意见和声音,习近平很少待在机关,而是经常深入人民群众之中,与群众面对面地交流,听取群众意见。他开会喜欢听真话,了解事情且没有任何事先的刻意安排,现场由与会人员反映情况,提出意见建议。

多年来,习近平的身份在变,但深入基层深入群众的优良作风从未发生变化。在纪念毛泽东诞辰 120 周年座谈会上,习近平表达了要始终坚持发扬优良传统,坚持"问计于民"的决心。他指出:"在人民面前,我们永远是小学生,必须自觉拜人民为师,向能者求教,向智者问策;必须充分尊重人民所表达的意愿、所创造的经验、所拥有的权利、所发挥的作用。"②在中央深化改革领导小组第七次会议上,习近平再次强调:"改革开放在认识和实践上的每一次突破和发展,改革开放中每一个新生事物的产生和发展,改革开放每一个方面经验的创造和积累,无不来自亿万人民的实践和智慧。"③习近平不管是在地方工作的时候,还是在中央工作的时候,都非常注重深入基层,深入群众,他经常走访社区、乡村、企业、学校、部队等基层单位,认真听取基层群众的意见,从群众的"不同意见"中汲取智慧,开阔工作视野和思路。

二、政府的设置运行要科学有效

政府组织的科学设置和政府职能的合理配置以及政府的工作作

---

① 习近平.之江新语[M].杭州:浙江人民出版社,2007:61.
② 习近平.习近平谈治国理政[M].北京:外文出版社,2014:27.
③ 习近平.习近平谈治国理政[M].北京:外文出版社,2014:68.

风,是建设服务型政府的重要保证。面对我国长期以来政府机构设置不合理、政府职能转变不到位、政府对微观经济干预过多过细等问题,习近平指出,建设人民满意的服务型政府的主要任务是深化行政体制改革,转变政府职能。

（一）努力推进简政放权的改革

政府简政放权、建立有限政府是现代公共管理改革的大趋势,也是中国经济改革的内在要求。早在 20 世纪 90 年代,习近平在福州工作期间,就实行简政放权,推行项目审批"一栋楼办公",全部手续不用出楼即可办成。尤其是他在福州经济开发区强调的"马尾的事、特事特办、马上就办",要求各主管部门简化审批手续,一揽子解决问题,给企业带来了很多便利。2000 年,他任福建省省长时就提出:"要加快转变政府职能,减少审批事项和环节,不去管那些不该管的事,腾出手来把该管的事管好,建立有限政府和服务型政府。"①央视网在采访他时,他再次重申:"政府要建设有限政府,提供有效服务。有效服务不是说你无所不包,无所不在的,无限的。无限的肯定做不好。有所为,有所不为,把自己定位准确,在社会主义市场经济条件下政府行为规范是什么,做那些不错位、不越位、不空位的事情,把主要精力放在自己该管好的事情上,把那些自己不该管也管不好的事情还权于社会,还权于企业。"②

（二）努力改变政府工作作风

工作作风直接体现了政府的群众意识和工作态度,是全面展示政

①　刘见闻,王敏霞.从"马上就办"、效能建设到构建服务型政府:提速增效诚心为民 [N].福建日报,2016-05-23(1).

②　引进外资 引进人才 福建"爱拼才会赢":专访原福建省省长习近平[EB/OL]. [2022-05-28].http://www.cctv.com/special/74413/58870.html.

府形象的窗口。长期以来,如何改变政府的工作作风,提高政府服务质量,一直是我国政府改革发展面临的难题。习近平在地方和中央工作期间,十分重视政府的作风建设。他在福建担任省长时,就在全国率先倡导和推动机关效能建设,使"马上就办"的政务理念升华为服务型政府的具体实践,打造"一个窗口、一个图章"的政府服务细节,有效推动机关政务作风建设。他在党的十八届二中全会上明确指出:"要加强公务员队伍建设和政风建设,改进工作方式,转变工作作风,提高工作效率和服务水平,提高政府公信力和执行力。"[①]而且,习近平强调作风建设一定要注意实效,坚持不懈地推进,防止反复。他在十八届中央纪委二次全会上指出,作风问题具有顽固性和反复性,因此"为民服务不能一阵风、虎头蛇尾,不能搞形式主义"[②],要一抓到底,切实做到善始善终。

(三)积极推进政务公开

全面推进政务公开是保障人民参与权、知情权与监督权的重要措施,是建立透明政府的具体体现,对我国服务型政府的建设具有积极的促进作用。早在担任福建省省长的时候,习近平就在福建推行政务公开工作。福建省第一个以省政府令的形式向全省发出要求,在市、县、乡镇一级百分之百推行政务公开,重大的人权、事权、财权实行"阳光作业",不允许暗箱操作。政务公开的实行,大大推进了基层民主化的步伐,保障了人民群众的知情权、监督权和民主决策权,充分调动了人民群众参与经济社会建设的积极性、主动性和创造性,有效地规范和约束

---

① 中共十八届二中全会在京举行[N].人民日报,2013-03-01(1).
② 大力学习弘扬焦裕禄精神:习近平在河南考调研指导党的群众路线教育实践活动纪实[N].人民日报,2014-03-19(1).

政府工作人员行为,从源头上铲除腐败。中共十八大以来,推行政务公开已经成为我国服务型政府建设和改革的一个重要内容,特别是"政府权力清单制度"的实施,极大地促进了政府透明度的提升,促进了责任政府、服务政府的建设,维护了社会公平和正义,保障了公民的基本权利。习近平指出,通过"强化公开,依法公开权力运行流程,让广大干部群众在公开中监督,保证权力正确行使"①。

(四)创新服务手段和方式

创新服务手段和方式是建设人民满意的服务型政府的重要保证,只有服务手段和方式改进了,政府服务能力和水平才能得到提升。习近平在工作实践中深深体会到,要提高政府的服务质量和水平,就必须改进和创新服务手段和方式。早在 2001 年的福建省政府工作报告中,习近平就提出"数字福建"的建设目标和任务,使福建政府信息化建设工作走在全国前列,大大提升了政府服务人民群众的效能、质量和水平。中共十八大以来,习近平多次强调要重视信息技术和人工智能等高科技在政府工作中的运用,他指出:"要运用现代信息技术,推进政务信息联通共用,提高政务服务信息化、智能化、精准化、便利化水平"②,"开发适用于政府服务和决策的人工智能系统,加强政务信息资源整合和公共需求精准预测"③,利用信息技术和人工智能提高政府的公共服务和社会治理水平。

---

① 习近平在十八届中央纪委三次全会上发表重要讲话强调:强化反腐败体制机制创新和制度保障 深入推进党风廉政建设和反腐败斗争[N].人民日报,2014-01-15.

② 稳扎稳打 勇于担当 敢于创新 善作善成 推动京津冀协同发展取得新的更大的进展[N].人民日报,2019-01-19.

③ 习近平.推动我国新一代人工智能健康发展[N].人民日报,2018-10-31.

三、努力建设法治政府

法治政府是现代政府发展的重要方向之一,建设服务型政府就是要建设法治政府。我国虽然从 20 世纪 90 年代起就开始实施依法治国的方略,但依法治国的进程比较缓慢,政府行政过程中仍然存在着"人治"的现象。有些政府官员习惯于操纵权力、以权压法,违法现象时有发生。党的十八大以来,以习近平同志为核心的党中央坚持和发展中国特色社会主义,积极推进国家治理体系和治理能力现代化,提出了全面依法治国的战略部署。习近平指出:"全面推进科学立法、严格执法、公正司法、全民守法,坚持依法治国、依法执政、依法行政共同推进,坚持法治国家、法治政府、法治社会一体建设,不断开创依法治国新局面。"①具体来讲,在国家层面上,要严格按照宪法的规定行动,全面建设社会主义法治国家。在党的层面上,也要严格按照宪法和相关法律开展工作,不能超越法律的规定来运行,党的领导也要依靠社会主义法治来进行。在政府的层面上,要严格按照各种法律甚至非常具体的法规活动,"加快建设职能科学、权责法定、执法严明、公开公正、廉洁高效、守法诚信的法治政府"②。在依法治国过程中,习近平特别强调政府机关及其领导干部要带头遵守法律和依法行政,指出:"行政机关是实施法律法规的重要主体,要带头严格执法,维护公共利益、人民权益和社

---

① 习近平主持中共中央政治局第四次集体学习[EB/OL].(2013-02-15)[2022-06-22].http://cpc.people.com.cn/n/2013/0225/c64094-20583750.html.

② 中共中央关于全面推进依法治国若干重大问题的决定[M].北京:人民出版社,2014:6.

会秩序。"①"要深入推进依法行政,加快建设法治政府。各级行政机关必须依法履行职责,坚持法定职责必须为、法无授权不可为,决不允许任何组织或者个人有超越法律的特权。"②"各级领导机关和领导干部要提高运用法治思维和法治方式的能力,努力以法治凝聚改革共识、规范发展行为、促进矛盾化解、保障社会和谐。"③

四、推动廉洁政府建设

建设廉洁政府是建设服务型政府的重要内容,它不仅关系到政府行政是否合理、合法的问题,而且关系到政府及其工作人员在人民群众心目中的形象。习近平不管在地方工作还是在中央工作期间,都把建设廉洁政府作为重要工作任务来抓。20世纪80年代中后期,我国尚处于改革开放初期,有些地区对党风廉政建设不够重视,一些干部纪律观念松懈,不正之风滋生、蔓延。比如,当时福建省就出现干部滥用职权,违规占地乱建住宅、公款吃喝、公车私用等问题。特别在宁德地区,这方面的问题十分突出,严重损害了党的形象,也给地方的经济社会发展造成很大的负面影响。习近平对这个问题特别是领导干部违规占地乱建住宅的问题高度重视,他指出,对这样侵犯群众利益、违反党纪的问题绝不能手软,必须坚决查处。在他的领导和支持下,宁德地区严肃查处了一批违纪违法占地建房的干部,并且根据违法违纪的情节轻重给

---

①　习近平主持中共中央政治局第四次集体学习[EB/OL].(2013-02-15)[2022-06-22].http://cpc.people.com.cn/n/2013/0225/c64094-20583750.html.

②　习近平.在庆祝全国人民代表大会成立六十周年大会上的讲话[EB/OL].(2014-09-06)[2022-06-22].http://cpc.people.com.cn/n/2014/0906/c64093-25615123.html.

③　习近平主持中共中央政治局第四次集体学习[EB/OL].(2013-02-15)[2022-06-22].http://cpc.people.com.cn/n/2013/0225/c64094-20583750.html.

予不同处理。这也为后来全省大规模整治领导干部违规建房做出了样板。习近平对党风廉政建设有着深刻的认识。早在1991年,他在福建省纪委机关刊物《福建纪检》上发表文章《以铁的纪律为90年代发展保驾护航》,在这篇文章中,他提出:"党的纪律是保持我们党的纯洁性和战斗力的根本保障,铁的纪律对坚持从严治党更有特殊的重要意义。"他强调:"必须靠铁的纪律,来统一全党的思想;必须依靠铁的纪律,来推动改革开放健康发展;必须依靠铁的纪律,保证战略规划和'八五'计划的顺利实施,保障我们的经济发展。"①在这篇文章中,习近平对如何严格党的纪律和反腐倡廉发表了自己的看法。他认为:"一要狠抓领导,从严治党,这样广大干部群众才能跟进;二要狠抓教育,增强免疫力,才能更好地防腐拒变,才能够反渗透,反和平演变;三要狠抓监督,强化约束力;四要狠抓执纪,加强震慑力;五要狠抓队伍,提高战斗力。"②这些与习近平总书记今天的反腐倡廉是一脉相承的。

党的十八大以后,以习近平同志为核心的党中央,进一步加大党风廉政建设和反腐败斗争的力度,以零容忍的态度重拳整治贪污腐败。习近平多次强调,要深入推进反腐败斗争,做到有腐必反、除恶务尽。他告诫全党,反腐败面临的形势依然比较严峻,要以反腐败永远在路上的坚韧和执着,持续不断地开展反腐败工作。他郑重地指出:"在肯定成绩的同时,我们也要看到,滋生腐败的土壤依然存在,反腐败形势依然严峻复杂,还要进一步完善行政监督机制,推行反腐败体制机制创新。"③为推动全面从严治党与廉洁政府建设,中共十九大提出了"深化

---

① 中央党校采访实录编辑室.习近平在福建(上)[M].北京:中共中央党校出版社,2021:278.

② 中央党校采访实录编辑室.习近平在福建(上)[M].北京:中共中央党校出版社,2021:279.

③ 习近平.习近平谈治国理政[M].北京:外文出版社,2014:394.

国家监察体制改革,将试点工作在全国推开,组建国家、省、市、县监察委员会,同党的纪律检查机关合署办公,实现对所有行使公权力的公职人员监察全覆盖"①,加强权力运行和制约监督的制度建设,将全面从严治党与廉洁政府的建设有机结合起来,促使各级政府权力行使的理性归位,为社会公众能提供优质高效的公共服务。

---

　　① 习近平.决战全面建设小康社会 夺取新时代中国特色社会主义伟大胜利:在中国共产党第十九次全国代表大会上的报告[M].北京:人民出版社,2017:67.

第五章 习近平总书记关于服务型政府建设重要论述的主要内容

习近平总书记关于服务型政府建设的重要论述,是对马克思主义政府建设理论的继承和发展,是对中国特色社会主义政府建设实践经验的总结和升华。习近平总书记关于服务型政府建设重要论述对新时代中国特色社会主义政府建设问题进行了科学回答,内容丰富、思想深刻、逻辑严谨,厘清了服务型政府建设与改革的内在逻辑,提出了服务型政府建设的基本途径和方式方法,形成了富有中国特色的服务型政府建设的话语体系,为推动新时代人民满意的服务型政府建设提供了根本遵循和行动指南。

第一节 坚持以人民为中心,建设人民满意政府

习近平提出的"以人民为中心"的服务型政府建设重要论述,是与马克思"群众是历史的主体"的理论、毛泽东"为人民服务"的思想、邓小平"三个有利于"的标准、江泽民"三个代表"重要思想、胡锦涛"坚持以

人为本"的思想一脉相承的。习近平在继承马克思主义政府建设经典理论的基础上,不断与时俱进,开拓创新,进一步丰富和完善了马克思主义的群众史观理论。

坚持以人民为中心,首先就是要求党和政府要时刻站在人民的立场上,一切都是为了人民。2021 年 7 月 1 日,在庆祝中国共产党成立100 周年大会上的讲话中,习近平总书记 86 次提到"人民"这一庄严词语,他指出:"江山就是人民、人民就是江山,打江山、守江山,守的是人民的心。"①"我们党来自人民、植根人民、服务人民,党的根基在人民、血脉在人民、力量在人民。"②党的十八大以来,"以人民为中心"已成为党和政府的根本宗旨,建立起了较为完整的以人民为核心的执政理念和实践体系。党的十九大把"以人民为中心"纳入习近平新时代中国特色社会主义思想体系,凸显了以人民为中心的核心地位。

坚持以人民为中心,其次就是要求党和政府在行政过程中依靠人民。人民是新时代中国特色社会主义事业的建设主体,要充分调动人民群众的积极性和创造性,认真听取人民群众的意见,动员人民群众积极参加国家发展和改革工作,最大程度地发挥人民群众在中国特色社会主义建设中的作用。习近平强调:"不论过去、现在和将来,我们都要坚持一切为了群众,一切依靠群众,从群众中来,到群众中去,把党的正确主张变为群众的自觉行动,把群众路线贯彻到治国理政全部活动之中。"③2013 年习近平在第十二届全国人民代表大会第一次会议上指

---

①　习近平.在中国共产党成立 100 周年大会上的讲话[N].人民日报,2021-07-02(2).

②　中共中央文献研究室,中央党的群众路线教育实践活动领导小组办公室.习近平关于党的群众路线教育实践活动论述摘编[M].北京:中央文献出版社,2014:3.

③　习近平.在纪念毛泽东同志诞辰 120 周年座谈会上的讲话[J].党的文献,2014(1):7-8.

出:"中国梦归根到底是人民的梦,必须紧紧依靠人民来实现。"①

  坚持以人民为中心,再次就是要求党和政府要维护好人民的根本利益,实现发展成果由人民共享。习近平总书记在党的十八届五中全会上明确指出:"要坚持人民主体地位,顺应人民群众对美好生活的向往,不断实现好、维护好、发展好最广大人民根本利益,做到发展为了人民,发展依靠人民,发展成果由人民共享。"②2017年习近平总书记在党的十九大报告中强调:"全党同志一定要永远与人民同呼吸、共命运、心连心,永远把人民对美好生活的向往作为奋斗目标。"③"让老百姓过上好日子,是我们一切工作的出发点和落脚点。"④习近平要求党和政府要贴近人民生活,帮助人民群众解决最紧迫和最现实的困难。"要抓住人民最关心最直接最现实的利益问题,扭住突出民生难题,一件事情接着一件事情办,一年接着一年干,争取早见成效,让人民群众有更多获得感、幸福感、安全感。"⑤另外,坚持以人民为中心,就是要求党和政府的工作情况必须由人民做出评判。人民群众不仅是推动社会进步的实践主体,也是社会发展实绩的评价主体。习近平指出:"我们党的执政水平和执政成效都不是由自己说了算,必须而且只能由人民来评判。人民是我们党的工作的最高裁决者和最终评判者。"⑥"检验我们一切工作的成效,最终都要看人民是否真正得到了实惠,人民生活是否真正得到

  ① 习近平.在第十二届全国人民代表大会第一次会议上的讲话[N].人民日报,2021-03-18(1).

  ② 习近平.在省部级主要领导干部学习贯彻党的十八届五中全会精神专题研讨班上的讲话[N].人民日报,2016-05-10(1).

  ③ 习近平.习近平谈治国理政:第三卷[M].北京:外文出版社,2020:1-2.

  ④ 习近平.习近平谈治国理政:第三卷[M].北京:外文出版社,2020:173.

  ⑤ 习近平.习近平谈治国理政:第三卷[M].北京:外文出版社,2020:346.

  ⑥ 中共中央文献研究室,中央党的群众路线教育实践活动领导小组办公室.习近平关于党的群众路线教育实践活动论述摘编[M].北京:中央文献出版社,2014:9.

了改善,人民权益是否真正得到了保障。"①

第二节 改革政府机构和职能,正确 处理政府与市场关系

改革政府机构设置、调整政府管理职能是建立服务型政府的基础性工程,要建设人民满意的服务型政府,就必须下功夫改革政府机构设置,调整政府管理职能。习近平对此项工作高度重视,并采取多项政策措施予以推动。习近平总书记在党的十九大报告谈到深化机构和行政体制改革时指出,要"统筹考虑各类机构设置,科学配置党政部门及内设机构的权力,明确职责"②。就如何做好政府机构改革工作,习近平强调指出,政府机构改革首先要以政府职能为依据。首先,政府机构改革要紧紧围绕建立中国特色社会主义行政体制这一根本目标,以政府职能转变为中心,调整和改革政府行政机构。其次,政府机构改革要有计划地进行。政府机构改革是一项系统工程,任务重,难度大,事关改革发展稳定大局,一定要有计划有步骤地推进,抓住重点,兼顾一般,逐步推进,同时注意做好相关的配套改革工作。再次,政府机构改革要坚持正确的改革方向。政府机构及其体制改革是我国政治体制改革的一个重要组成部分,所以必须坚持党的全面领导,坚持中国特色社会主义方向,坚持以人民为中心,建立"职责明确、依法行政的政府治理体系"③。

① 习近平.习近平谈治国理政:第三卷[M].北京:外文出版社,2014:28.

② 习近平.决胜全面建设小康社会 夺取新时代中国特色社会主义伟大胜利[N].人民日报,2017-10-28(2).

③ 中共十九届三中全会在京举行[N].人民日报,2018-03-01(1).

政府职能转变是深化政府行政体制改革的核心,所以深化政府行政体制的改革,就必须推动政府职能的转变和调整。转变政府职能不但要解决好政府的角色和定位问题,也要解决好从全能政府向有限政府转变的问题。转变和调整政府职能实质上要解决的是政府应该做什么、不应该做什么,重点是政府、市场、社会的关系,"各级政府一定要依法行政,切实履行职责,该管的事一定要管好、管到位,该放的权一定要放足、放到位,坚决克服政府职能错位、越位、缺位现象"①。"政府要建设有限政府,提供有效服务。有效服务不是说你无所不包,无所不在的,无限的,无限的肯定做不好。有所为,有所不为,把自己定位准确,在社会主义市场经济条件下政府规范是什么,做那些不错位、不越位、不空位的事情,把主要精力放在自己该管好的事情上,把那些自己不该管也管不好的事情还权于社会,还权于企业。"②当然,政府转变职能、还权于企业、社会,重视市场在资源配置中的基础性作用,并不是削弱政府在经济调节中的作用,而是实现政府与市场的有机统一。正如习近平指出的,"我们既要遵循市场规律、善用市场机制解决问题,又要让政府勇担责任、干好自己该干的事。市场作用和政府作用是相辅相成、相互促进、互为补充的",政府要明确自身的定位和职责,"在尊重市场规律的基础上,用改革激发市场活力,用政策引导市场预期,用规划明确投资方向,用法治规范市场行为"③。在政府的诸多关系中,习近平尤其重视政府和企业之间的关系,他多次强调,政府要为企业发展创造良好的发展环境,消除体制机制障碍,构建亲清新型政商关系。针对政府和

① 习近平.习近平谈治国理政:第三卷[M].北京:外文出版社,2014:118.
② 引进外资 引进人才 福建"爱拼才会赢"——专访原福建省省长习近平[EB/OL].(2008-10-15)[2022-06-23].http://www.cctv.com/special/74413/58870.html.
③ 把改善供给侧结构作为主攻方向 推动经济朝着更高质量方向发展[N].人民日报,2017-01-23(1).

社会的关系,习近平指出,政府要发挥主导作用,积极引导社会力量参与社会事务工作。他要求政府部门要"发挥社会力量在管理社会事务中的作用,一些不适宜政府去管的事务,可以让群众依法实行自我管理、自我服务,同时也要加强对各类社会组织的规范和引导"①。

改革政府机构及其机制、调整政府职能、强调政府服务职能,并不是要弱化政府的管理职能,而是要管理和服务并重,更好地处理它们之间的关系。习近平强调指出:"政府要切实履行好服务职能,这是毫无疑义的,但同时也不要忘了政府管理职能也很重要,也要履行好,只讲服务不讲管理也不行,寓管理于服务之中是讲管理的,管理和服务不能偏废,政府该管的不仅要管,而且要切实管好。"②

第三节　加强制度建设与执行力度,保证政府行政依法依规运行

政府依法依规行政是现代服务型政府的重要标志,是建设法治社会和法治国家的重要内容,是市场经济正常运行的重要保证。党的十八大以来,以习近平同志为核心的党中央十分重视制度建设及其执行,积极推行政府依法依规行政。习近平多次强调要用制度管权管人管事,把权力关进制度的笼子里。他指出:"要加强对权力运行的制约和监督,把权力关进制度的笼子里。"③"要依法设定权力、规范权力、制约权力、监

---

① 习近平总书记系列重要讲话读本[M].北京:学习出版社、人民出版社,2016:177-178.

② 习近平关于社会主义政治建设论述摘编[M].中央文献出版社,2017:112.

③ 习近平.在党的十八届中央纪委二次全会上的讲话[N].人民日报,2013-01-22(1).

督权力"①,"要建立健全相关制度,用制度管权管事管人。要突出重点,重在管用有效,全方位扎紧制度笼子,更多用制度治党、管权、治吏"②。

坚持用制度管事,就是要通过建立健全科学规范的制度,保证决策机制、责任和纠错机制的正常运行,保证工作程序的规范有效,保证权力运行的科学化、规范化和法治化。坚持用制度管事,就是要加强所有领域和环节特别是重点领域和环节的制度建设,深化行政审批制度改革,推行权力清单和责任清单,提高审批透明度,强化内部流程管理;加强公共资源领域诸如工程项目招投标、土地出让、政府采购等领域的制度和平台建设,杜绝暗箱操作和内部交易的行为;进一步完善国有企业监管制度,完善决策监管机制,强化国企改制、产权交易和投资并购等重点环节的监督,加强对境外国有资产的监管。坚持用制度管人,就是要健全完善干部任用制度,坚持用好的制度选拔干部、任用干部和管理干部,建设一支有担当的优秀干部队伍;加强对领导干部的监督管理,进一步完善和落实组织函询、谈心谈话、个人事项申报等制度措施,保证干部队伍的纯洁性,真正做到政治清明。

再好的制度,如果缺乏有效的执行,也会变成摆设,发挥不出应有的作用。习近平不仅重视制度的建设,同时也很重视制度的执行。他指出:"制度的生命力在于执行。要强化制度执行力,加强制度执行的监督,切实把我国制度优势转化为治理效能。"③"有了好的制度如果不抓落实,只是写在纸上、贴在墙上、锁在抽屉里,制度就会成为稻草人、

---

① 领导干部要做尊法学法守法用法的模范 带动全党全国共同全面依法治国[N].人民日报,2015-02-03(2).

② 中共中央纪律检查委员会,中共中央文献研究室.习近平关于党的纪律和规矩论述摘编[M].北京:中央文献出版社,2016:59-60.

③ 习近平.在中央政治局第十七次集体学习时的讲话[N].人民日报,2019-09-24(1).

纸老虎。要强化制度执行,加强制度监督,确保出台一个就执行落实好一个。"①强化制度的执行力,就必须牢固树立制度意识,尊崇和敬畏制度,自觉遵守制度;要完善监督和惩戒体系,加强对制度执行的监督检查以及惩戒警示,防止随意变通、人为干扰、恶意违背制度的行为,对违背制度的人和事,及时查处,不留情面,不念私情,坚决杜绝制度执行中的"破窗效应"。"要坚持执行制度没有例外,对违反制度的规定踩'红线'、闯'雷区'的,要零容忍,发现一起就坚决查处一起。"②通过有效的监督和惩戒,保证制度不折不扣地执行。

第四节　加强作风建设,增强政府公信力和执行力

　　作风建设不仅关系执政党的形象,而且关系到政府的执行力,所以,加强作风建设是服务型政府建设过程中的一个关键问题。党的十八大以来,以习近平同志为核心的党中央把加强作风建设作为服务型政府建设的重要抓手,采取强有力的措施予以推进。

　　首先,坚持走群众路线,全面推行政务公开。习近平强调指出:"加强作风建设,必须紧紧围绕保持同人民群众的血肉联系,增强群众观念和群众感情,不断厚植党执政的群众基础。"③"人民是创造历史的动力,

---

　　①　中共中央纪律检查委员会,中共中央文献研究室.习近平关于党的纪律和规矩论述摘编[M].北京:中央文献出版社,2016:82.

　　②　中共中央纪律检查委员会,中共中央文献研究室.习近平关于党的纪律和规矩论述摘编[M].北京:中央文献出版社,2016:82.

　　③　习近平.决战全面建设小康社会 夺取新时代中国特色社会主义伟大胜利——在中国共产党第十九次代表大会上的报告[M].北京:人民出版社,2017:63.

我们共产党人任何时候都不要忘记这个历史唯物主义最基本的道理。只有坚持这一基本原理，才能把握历史前进的基本规律；只有按历史规律办事，才能无往而不胜。"①我们"推进任何一项重大改革，都要广泛听取群众意见和建议，及时总结群众创造的新鲜经验，充分调动群众推进改革的积极性、主动性和创造性"②。为了保障人民拥有发展改革的参与权、知情权与监督权，就必须全面推行政务公开。中共十八大以来，"政务公开"的行政方式已经成为我国服务型政府建设的一个重要内容。全面推行政务公开，不仅要结果公开，而且要过程公开；不仅要决策公开，而且要执行公开；不仅要管理公开，而且要服务公开，特别是"政府权力清单制度"的实施，对于提高政府工作的透明度，提高政府的公信力，加强责任政府、法治政府的建设，维护社会公平和保障公民权利起到了重要的促进作用。

其次，倡导"马上就办"的政务作风，推动政府效能建设。如何提高政府的行政效率和服务质量，一直是我国政府建设面临的难题。早年在福建工作时，习近平就积极倡导"马上就办"的政务作风，提升了政府的行政效率和服务质量。1991年，时任中共福州市委书记的习近平在马尾开发区现场办公会上指出，"马尾的事，特事特办，马上就办"；他强调，要抓住那些急需解决而又有能力解决的事进行研究，并且本着"马上就办"的精神，组织实施，狠抓落实。后来，在担任福建省省长期间，习近平在全省范围内推进"马上就办"的政风建设，推动了机关效能建设，为全国政风建设树立了榜样。党的十八大以来，习近平进一步将"马上就办"的政务理念升华为我国服务型政府建设的具体实践，有效

---

① 中共中央宣传部.习近平总书记系列重要讲话读本[M].北京：人民出版社，2016：128.

② 中共中央宣传部.习近平总书记系列重要讲话读本[M].北京：人民出版社，2016：77-78.

地推动了政府机关政务作风建设,密切了政府和人民之间的联系,提高了政府的公信力。

再次,加强思想作风建设,改变政府及其工作人员在人民群众中的形象。针对部分党员和国家工作人员理想信念淡漠、纪律松弛、道德修养滑坡、以权谋私、工作拖拉、脱离群众等问题,以习近平同志为核心的党中央积极推动党员及国家工作人员的思想作风建设工作。比如以习近平同志为核心的党中央在全党范围内开展党的群众路线教育实践活动,强调党员及其政府工作人员要坚定理想信念,坚持为民务实清廉的根本原则,密切与人民群众的血肉联系。又比如党中央开展的"三严三实"专题教育,要求党员干部和国家工作人员要"严以修身,严以用权,严以律己","谋事要实,创业要实,做人要实"。具体讲,就是要求党员干部和国家工作人员要用权为民,按规则、按制度行使权力,不搞特权、不以权谋;要勤于自省、手握戒尺,遵守党纪国法,做到为政清廉;要加强党性修养,坚定理想信念,提升道德境界,追求高尚情操;要从实际出发谋划事业和工作,使政策、方案符合客观规律、符合科学精神;要脚踏实地、真抓实干,敢于担当责任,勇于直面矛盾,善于解决问题;要对党、对组织、对人民、对同志忠诚老实,做老实人、说老实话、干老实事,襟怀坦白,公道正派;党的群众路线教育实践活动和"三严三实"专题教育,解决了党员和国家工作人员中思想作风纪律方面存在的一些问题,改进了党员队伍的教育管理,提升了党员干部的思想境界,改变了党员干部在人民群众中的形象。

廉政建设和反腐败斗争对党员及国家工作人员思想作风建设起到了重要的促进作用。党的十八大以来,以习近平同志为核心的党中央对党风廉政建设和反腐败斗争十分重视,以零容忍的态度重拳整治贪污腐败,反腐败斗争呈压倒之势,并不断得到巩固发展。习近平多次强调,要深入推进反腐败斗争,做到有腐必反、除恶务尽。"要以深化改革推进党风廉政建设和反腐败斗争。"①同时他深刻分析了我国目前反腐败斗争的严峻形势,郑重指出:"在肯定成绩的同时,我们也要看到,滋生腐败的土壤依然存在,反腐败形势依然严峻复杂,还要进一步完善行政监管机制,推行反腐败体制机制创新。"②在党的十九大报告中,习近平再次告诫全党反腐败斗争的重要性和严峻性,并表明党中央持续反腐败的态度和决心。他指出:"只有以反腐败永远在路上的坚韧和执着,深化标本兼治,保证干部清正、政府清廉、政治清明,才能跳出历史周期率,确保党和国家长治久安。"③为推动廉洁政府建设和国家工作人员作风建设,党的十九大提出了"深化国家监察体制改革,将试点工作在全国推开,组建国家、省、市、县监察委员会,同党的纪律检查机关合署办公,实现对所有行使公权力的公职人员监察全覆盖"④,从制度上对权力运行实行制约和监督,对改进政府工作人员的工作作风、建设廉洁政府具有重要的意义。

第五节 创新服务手段和方式,提升政府服务能力

建设服务型政府是对原有政府管理模式的实质性转变,需要进行

---

① 习近平.习近平谈治国理政:第三卷[M].北京:外文出版社,2014:395.
② 习近平.习近平谈治国理政:第三卷[M].北京:外文出版社,2014:394.
③ 习近平.决战全面建设小康社会 夺取新时代中国特色社会主义伟大胜利——在中国共产党第十九次代表大会上的报告[M].北京:人民出版社,2017:67.
④ 习近平.决战全面建设小康社会 夺取新时代中国特色社会主义伟大胜利——在中国共产党第十九次代表大会上的报告[M].北京:人民出版社,2017:67.

创新,改变原来的服务手段和方式。习近平总书记多次在不同场合强调政府服务手段和服务方式的创新,在强调政府职能转变时指出要"把转变政府职能同创新管理方式结合起来"①,在强调发挥地方政府作用时指出,要充分发挥地方政府积极性,鼓励地方因地制宜、从实际出发进行改革探索,大胆创新。② 习近平总书记还非常重视信息技术和人工智能等高科技在政府工作中的运用,强调要运用大数据、云计算、区块链、人工智能等前沿技术推动城市管理手段、管理模式、管理理念创新,③实现城市管理以及政府管理的"智治"。"要运用现代信息技术,推进政务信息联通共用,提高政务服务信息化、智能化、精准化、便利化水平,让群众少跑腿"④,同时"开发适用于政府服务和决策的人工智能系统,加强政务信息资源整合和公共需求精准预测"⑤,利用人工智能提高政府的公共服务水平和质量。另外,习近平强调,各级党政机关和领导干部要贯彻以人民为中心的发展思想,将坚持群众观点和群众路线这条党的生命线融入互联网,进行"触网赶考",回应和满足人民群众的需求和诉求。将网络打造成了解群众、深入群众、为群众排忧解难的新阵地,成为发扬人民民主、接受人民监督的新渠道,让亿万群众共享互联网发展成果。

---

①　坚持以扩大开放促进深化改革 坚定不移提高开放型经济水平[N].人民日报,2015-09-16(2).

②　决定召开十八届三中全会[N].人民日报,2013-08-28(2).

③　习近平.统筹推进疫情防控和经济社会发展工作 奋力实现今年经济社会发展目标任务[N].人民日报,2020-04-02(1).

④　稳扎稳打勇于担当敢于创新善作善成 推动京津冀协同发展取得新的更大进展[N].人民日报,2019-01-19(1).

⑤　习近平.推动我国新一代人工智能健康发展[N].人民日报,2018-10-31.

第六节 习近平总书记关于服务型政府建设重要论述的鲜明特点

习近平总书记关于服务型政府建设重要论述是以马克思主义政府建设理论为基础,结合中国经济社会发展的实际情况形成的,是具有中国特色的政府建设理论。这一重要论述对马克思主义政府建设理论的坚持体现了继承性,对新时代新问题的应答体现了创新性,对建设社会主义服务型政府建设的内在逻辑的探索体现了科学性,对建设具有中国特色社会主义服务型政府的具体实践体现了实践性。

一、继承性

习近平总书记关于服务型政府建设的重要论述主要是来源于他本人的政府管理工作实践,是他长期以来各种成功管理经验在理论上的一种概括和总结,但同时也继承了前人的经验和成果,是在马克思主义政府建设理论和马克思主义中国化的政府建设理论和思想的影响下所产生的一种思想理论体系。因此,在思想渊源上,习近平总书记关于服务型政府建设重要论述具有明显的继承性特点。习近平总书记对马克思主义政府建设理论的历史继承性主要表现在以下几个方面:

第一,继承了马克思主义无产阶级政府"人民性"的核心理念。习近平总书记提出的政府要"以人民为中心"的宗旨和根本原则,和马克思、恩格斯的民主"人民性"的思想、列宁的以人民为主体的服务思想、毛泽东的全心全意为人民服务的思想、邓小平的以服务人民为导向的发展生产力的思想、江泽民的以为人民谋利益为归宿的政府建设思想，以及胡锦涛的以人为本的政府建设思想是一脉相承的，习近平总书记在继承马克思主义"人民性"思想的同时，进一步丰富和系统化了"人民性"的思想，将"以人民为中心"的执政理念贯穿于各项建设之中。在经济建设上，把满足人民群众的利益作为经济发展目标，抓住人民群众最直接最现实的利益问题，采取切实有效的政策措施予以解决。在政治建设上，体现人民当家作主的本质，充分发扬人民民主。在文化建设上，坚持以人民为中心的导向，创作受人民群众欢迎的文化产品。在社会建设上，坚持公平公正原则，改善公共服务，保障改善民生，增进人民福祉。在生态建设上，加强环境保护，推进人与自然和谐发展，为人民群众提供高质量的生活环境。党的十八大以来，"以人民为中心"已成为党和政府的宗旨、发展观的核心，形成完整的"以人民为中心"的执政理念和实践体系。

第二，继承了马克思主义"廉价政府"思想。廉价政府是马克思根据巴黎公社的经验，对无产阶级政府的构想。所谓廉价政府，就是用尽可能少的行政成本，实现最优化的行政管理。换句话说，廉价政府就是指一个精简的、成本很低的、不浪费人民血汗的政府。列宁继承并发展了马克思的廉价政府思想，并在苏联社会主义政府建设中实践了这一思想。列宁廉价政府建设主要包括精简国家机构和反腐倡廉。新中国成立初期，毛泽东依据我国的实际情况，继承发展了马克思主义的廉价政府建设思想，提出我国建设廉价政府的基本要求：一是实行"精兵简政"；二是倡导勤俭节约；三是开展反腐运动。我国社会主义现代化建设和改革开放时期，邓小平基于我国国情，对马克思主义的廉价政府思想作了进一步延伸和丰富，一方面，提出要以革命的精神进行精简机构的改革;另一方面,提倡勤俭节约的治国方针并要求加强廉政建设。面对世纪之交社会主义市场经济迅速发展而行政管理却相对落后的情况,江泽民提出并实施了"精兵简政",严格控制机构膨胀,坚决裁减冗员;还提倡艰苦朴素、勤俭节约的优良作风,严格控制楼堂馆所修建,精简各种会议;同时要求做好反腐败工作,指出要和腐败现象做坚决斗争。胡锦涛提出建设"节约型政府",既是对毛泽东、邓小平、江泽民关于建设廉价政府理论和实践经验的继承和发扬,也是对马克思、列宁廉价政府理论的进一步发展。党的十八大以来,以习近平同志为核心的党中央领导集体,以更大的气魄,深入推进机构改革,加大反对腐败的力度。严格控制机构编制总量,调整优化机构编制结构,转变改革政府管理职能。完善制度、严格监督、严格查处,反腐败斗争取得了明显成效,基本遏制住了腐败蔓延的势头,清正廉洁的政风初步形成。

第三,继承了马克思主义法治政府思想。法治是任何政府正常运行的基础和制度保障,所以政府从本质上讲就是法治政府。马克思认为无产阶级政府必须制定为无产阶级服务的法律,无产阶级法律体现民主自由的法治精神,具有强烈的阶级性和社会性,是为无产阶级利益服务的。列宁继承马克思法治政府的思想,认为要实现政府的良好运转必须加强法制建设,完善的法制体系是社会主义国家政府建设的重要保障。为此列宁提出要建设完善的社会主义法制体系,立法要坚持民主原则、与时俱进原则,并且要严格执行和遵守法律。新中国成立初期,毛泽东根据马克思、列宁建立法治政府的思想,结合中国经济社会发展实际,强调政府行政管理不仅需要制定相关法律法规作保障,而且要加快法制建设的步伐,并要求人人都要遵守法律法规。邓小平同样强调完善的法律体系对于政府行政管理的重要性,他认为法治是政府实施有效管理的最佳途径,强调任何人都不能凌驾于法律之上,做到

"有法可依、有法必依、执法必严、违法必究"。江泽民进一步推进我国法治政府建设,在立法、执法、司法、法律监督、普法教育等各个方面,比较系统地阐述了依法治国的基本方略和实施途径。胡锦涛在建设社会主义服务型政府过程中,非常重视行政法治建设,其间政府出台了许多行政法律制度,对推动我国依法行政的深入开展、提升政府的良好形象发挥了重要作用。党的十八大以来,习近平总书记在继承毛泽东、邓小平、江泽民和胡锦涛法治政府建设思想的基础上,进一步发展和丰富了法治政府建设的思想和内涵。习近平总书记在党的十八大报告中提出了"科学立法、严格执法、公正司法、全民守法"的法治建设目标,建立健全了法律法规体系,并严格执行法律,依据法律惩治腐败,维护法律尊严与权威,保护人民的权利和利益。

二、创新性

党的十八大以来,以习近平同志为核心的党中央在建设服务型政府过程中,采取了一系列行之有效的政策措施,取得了许多创新性的成绩和经验,这是对马克思主义社会主义政府建设思想的发展,也是对马克思主义中国化的政府建设思想的丰富和创新。

第一,扩展了马克思主义政府建设理论的广度。面对中国特色社会主义新时代的政治经济环境,习近平总书记洞悉时代变迁,提出中国特色社会主义服务型政府建设的理论体系,全面系统地阐述了以人民为中心的服务型政府建设的宗旨、目标、原则、路径和政策措施,有很多论述和理论都是第一次提出,升华了马克思主义政府建设的理论。习近平总书记关于服务型政府建设重要论述的广度还体现在他的理论创新是一种包容性的创新。习近平总书记关于服务型政府建设重要论述不断地从马克思主义政府建设理论、中国化的马克思主义政府建设理论,甚至从中国优秀传统文化有关治国的理论以及西方现代政府建设理论中辩证扬弃地吸收新元素,在实践中不断丰富、发展,随时迸发出新的活力。总之,习近平总书记服务型政府建设重要论述不是一个封闭的体系,是马克思主义中国化的最新理论成果。

第二,拓展了马克思主义政府建设理论的深度。习近平根据中国特色社会主义新时代的国情,直面中国政府建设的现状和存在的问题,提出建设中国特色社会主义服务型政府的理念和政策举措,具有很强的针对性,将马克思主义政府建设理论提升到具体和现实的高度,实现了对纯理论探讨和研究的超越。此外,习近平总书记关于服务型政府建设重要论述创造了基于马克思辩证唯物主义和历史唯物主义的新的话语体系,许多论述具有原创性。

第三,超越了我国服务型政府建设的既有理论和政策。习近平根据中国特色社会主义新时代的任务、目标和要求,针对我国服务型政府建设中存在的主要问题,在继承前人建设服务型政府理论和政策的基础上,积极进取,开拓创新,大刀阔斧地推动服务型政府建设工作,不管是工作的力度还是工作的持续度都是前所未有的。为了加强对政府工作人员的有效监督和管理、建立廉价政府,出台了一系列制度规定和政策举措,比如建立领导干部个人事项申报制度、巡视制度,成立监察委员会,实行对所有政府工作人员的全覆盖,给各单位派驻纪检委工作人员,实行对本单位系统工作人员的监督,处理群众举报国家工作人员的违纪违法事件,对国家工作人员形成制约和监督。强力推进反腐败工作,对有腐败行为的政府工作人员一律查处,绝不姑息,有效地遏制住了政府工作人员腐败的势头。另外,为了改变党员及其政府工作人员的工作作风,积极开展思想作风整顿工作,先后在党内和政府机关开展群众路线实践教育活动、"三严三实"专题教育以及"两学一做"党员学习教育，提升了党员和政府工作人员的精神境界，改变了党员和政府工作人员的工作作风。还有，对政府工作人员的监督和约束、改变政府工作人员的工作作风以及反腐败斗争等举措，持续不断地推进，将其变成常态，形成制度。这些举措的力度和持续度是前所未有的，将服务型政府建设提升到了一个新的高度。

三、实践性

实践性是马克思主义的基本特征。马克思主义不同于空想思想家们只是单纯地解释世界，而是强调要重视改造世界的实践活动。习近平总书记关于服务型政府建设重要论述作为马克思主义中国化的新成果，同样具有较强的实践性。一方面，习近平坚持问题导向，立足于中国特色社会主义新时代服务型政府建设的实践，回答现实实践提出的问题，深化对社会主义服务型政府建设规律的认识。在对中国特色社会主义新时代主要矛盾把握的基础上，习近平指出，在新时代，我们在推进服务型政府建设过程中，要坚持以人民为中心的发展思想，把为人民服务、对人民负责、受人民监督，把人民对美好生活的向往和追求作为政府机关的奋斗目标，把人民群众过上更美好的生活作为全部工作的出发点和落脚点，在实现人民共同富裕的同时，促进人的全面发展。针对我国服务型政府建设中公共服务标准体系欠缺和中央与地方责任不清等问题，习近平强调要完善公共服务标准体系，明确各级政府部门在公共服务中的任务和责任。2018年党中央和国务院出台了《关于建立健全基本公共服务标准体系的指导意见》，明确了公共服务标准，明确了中央与地方在提供公共服务上的分工和责任，对政府部门提供公共服务水平提出了质量方面的要求。针对政府机构设置重叠、政府职能转变不到位、中央政府和地方政府权责不清等问题,习近平明确要求,要推进机构、职能、权限、程序、责任法定化,使政府机构设置更加科学、职能更加优化、权责更加协同,减少并规范中央和地方共同事权,构建从中央到地方权责清晰、运行顺畅、充满活力的工作体系。对此,《中共中央关于坚持和完善中国特色社会主义制度 推进国家治理体系和治理能力现代化若干重大问题的决定》明确指出,必须深化行政体制改革,明确中央政府和地方政府的事权,构建职责明确、依法行政的政府治理体系。针对市场经济发展给中国共产党在执政方面带来的挑战,习近平强调执政党必须要有忧患意识,注重加强党的执政能力建设,自觉应对改革开放和市场经济的挑战,做到立党为公、执政为民。针对领导干部及其工作人员建设服务型政府能力和水平的差距,习近平强调要提高政府工作人员的行政管理水平和社会治理能力,实现行政管理水平和社会治理能力现代化。针对部分国家工作人员的腐败行为对政府形象和社会公信力的影响,习近平强调要旗帜鲜明地反腐败,对腐败分子零容忍,反腐败永远在路上。建立健全权力监督制度和机制,实施对国家工作人员使用权力的有效监督,改善政府机关的工作作风,提高政府机关的行政效率和服务质量,提升政府机关及其工作人员的公信力和社会形象。如此种种,都展现出习近平总书记关于服务型政府建设重要论述的实践性特征。理论的提出是为了更好地指导实践,习近平总书记关于服务型政府建设重要论述不仅仅是对自己执政过程中服务型政府建设实践的总结和概括,更重要的是在于回归实践指导实践,同时接受实践的检验。总之,习近平总书记关于服务型政府建设重要论述的理论源泉是实践,发展依据是实践,检验标准也是实践。

四、科学性

科学性是马克思主义政府建设理论的又一个显著特征,马克思主义政府建设理论揭示了社会主义国家政府运行的发展规律,是引领社会主义国家政府建设和改革的重要指南。党的十八大以来,习近平总书记站在坚持和发展中国特色社会主义的战略高度,提出了一系列建设服务型政府的重要论述和理论,是马克思主义政府建设理论中国化的新成果,同样具有科学性。

第一,习近平总书记关于服务型政府建设重要论述是马克思主义政府建设理论在中国发展的新阶段、新成果。马克思主义政府建设理论是习近平总书记关于服务型政府建设重要论述的源头和根本。在当代中国,坚持和发展马克思主义政府建设理论,就是真正坚持科学社会主义。习近平总书记关于服务型政府建设重要论述把对马克思主义政府建设理论的认识提高到新的科学水平。从马克思主义政府建设理论产生到习近平总书记关于服务型政府建设理论的创立和发展,其科学性像一条红线,贯穿于世界社会主义国家政府建设发展的整个进程。世界社会主义国家的发展有近百年的历史,从马克思恩格斯创立社会主义政府建设理论、列宁领导十月革命胜利并领导苏联社会主义政府建设实践到新中国成立后、改革开放时期和中国特色社会主义新时代政府建设的实践和探索,每一个时期都面临如何建立一个廉价、高效、法治、负责任的政府的课题。苏联作为第一个社会主义大国,由于没能解决好服务型政府建设这一课题,最终解体。中国共产党人在总结我国社会主义政府建设的历史经验特别是改革开放以来的成功实践,并借鉴其他社会主义国家政府建设经验和教训的基础上,从理论和实践的结合上系统地回答了新时代中国特色社会主义国家如何建设人民满意的服务型政府的一系列基本问题,开拓了马克思主义政府建设理论的新境界。中国特色社会主义服务型政府建设理论是以习近平同志为代表的中国共产党人对马克思主义政府建设理论的历史性贡献,是马克思主义政府建设理论逻辑和中国服务型政府建设历史逻辑的辩证统一。习近平总书记关于服务型政府建设重要论述坚持马克思主义政府建设理论的基本原理。它坚持辩证唯物主义和历史唯物主义的世界观方法论,坚持以中国共产党为领导核心,坚持人民主体地位,坚持人民当家作主,坚持人民民主,坚持马克思主义的指导地位,坚持共同富裕的目标,坚持促进人的全面发展,坚持依法治国等,这些都体现了马克思主义政府建设理论的科学社会主义的本质特征,是马克思主义政府建设理论在新的历史条件下的具体表现。

第二,习近平总书记关于服务型政府建设重要论述是根植于中国土壤的政府建设思想。

任何科学理论和制度,必须本土化才能真正起到作用。只有符合中国实际的道路、理论和制度,才能在中国行得通,才真正具有科学性。习近平总书记关于服务型政府建设重要论述的科学性,不仅体现于其遵循的马克思主义政府建设理论原则的科学性,更为重要的是,它扎根于中国的土壤,有着深厚的历史渊源和广泛的现实基础,具有鲜明的中国特色,是符合中国实际的科学理论。习近平总书记关于服务型政府建设重要论述是在对中华民族5000多年悠久文明的传承中走出来的,离不开中华优秀传统文化的滋养。比如,中华传统文化提倡的讲仁义、守诚信、崇正义、讲和合、求大同等理念,都体现在习近平总书记关于服务型政府建设重要论述之中。在中国,只有被中国文化所接受,并对中国发展起进步作用的思想、理论、文化,才能成为科学的理论指导和人民团结奋斗的共同思想基础。另外,习近平总书记关于政府建设重要论述是在中华人民共和国成立 70 多年的持续探索中总结出来的。中国特色社会主义虽然是在改革开放历史新时期开创的,但其基础和源头是改革开放之前的历史时期。新中国及其人民政府的成立和社会主义基本制度的确立,为当代中国特色社会主义服务型政府建设奠定了根本政治前提和制度基础。

新中国成立以后,以毛泽东同志为核心的党的第一代中央领导提出社会主义政府全心全意为人民服务的根本遵循;改革开放以来,以邓小平同志为核心的党的第二代中央领导集体,明确提出社会主义政府应把大力发展社会生产力满足人民需要作为其根本任务;以江泽民同志为核心的党的第三代中央领导集体,提出社会主义政府应代表大多数人民群众的根本利益;以胡锦涛同志为核心的党中央强调社会主义政府要坚持科学发展观,推进经济社会和谐发展,满足人民群众物质文化生活需求。历任中央领导集体对如何建设人民满意的政府的实践和探索,为新时期中国特色社会主义服务型政府建设提供了宝贵经验和理论准备。

党的十八大以来,以习近平同志为核心的党中央领导集体在继承前人服务型政府建设理论成果的基础上,对中国特色社会主义服务型政府的根本遵循、目标任务、基本途径、政策措施做了进一步的概括和总结。随着中国特色社会主义服务型政府建设实践的不断深入,党对中国特色社会主义服务型政府建设的认识不断升华,对其特点规律的把握运用逐步走向成熟,所积累的经验也越来越丰富。中国特色社会主义服务型政府建设理论是建立在中国独特的文化传统、独特的历史命运、独特的基本国情基础之上的,是几代中央领导集体经过长期奋斗和探索的结果,是植根于中国大地、适应中国和时代发展进步要求的科学的社会主义服务型政府建设理论。

第三,习近平总书记关于服务型政府建设重要论述是发展着的马克思主义政府建设理论。

任何一种科学理论,必须根据时代的发展和变化与时俱进,只有不断用发展着的科学理论指导新的实践,理论才能保持科学性,理论才会拥有蓬勃生机和强大活力。党的十八大以来,以习近平同志为核心的党中央领导集体进一步推进服务型政府建设,锐意进取,大胆探索,不断推进理论创新、实践创新、制度创新。在习近平总书记系列重要讲话中,包含着对建设中国特色社会主义服务型政府的理论发展和实践创新的丰富内容。其中,以人民为中心、满足人民对美好生活向往的要求的重要思想,深化和拓展了中国特色社会主义服务型政府建设的根本遵循和基本要求;"江山就是人民,人民就是江山"的论断,深化和拓展了中国特色社会主义服务型政府建设中的人民观;继续统筹推进"五位一体"总体布局、协调推进"四个全面"战略布局,为我们党和国家在新形势下建设服务型政府指明了前进的方向,丰富和发展了中国特色社会主义服务型政府建设理论体系;关于党要管党、全面从严治党,作风建设永远在路上、把权力关进制度的笼子里,"老虎""苍蝇"一起打,丰富和发展了马克思主义政府监督思想和理论,等等。习近平总书记的系列重要讲话,把中国特色社会主义服务型政府建设理论发展到新的科学水平,是 21 世纪的马克思主义,是马克思主义中国化最现实、最集中的体现。

第六章　习近平总书记关于服务型政府建设重要论述的理论和实践价值

党的十八大以来,以习近平同志为核心的党中央,根据新的时代背景、结合新的时代任务与历史使命,深入推进中国特色社会主义服务型政府建设工作,提出了一系列富有思想内涵、实践成效的理论、方针、政策,为中国特色社会主义服务型政府建设提供了思想支撑和方向指引,既有深厚的理论价值,又有突出的实践价值。

第一节　习近平总书记关于服务型政府建设重要论述的理论价值

习近平总书记关于服务型政府建设重要论述具有鲜明的时代性、创造性和实践性,赋予了社会主义政府建设理论新的时代内涵,体现了中国特色社会主义的本质要求,深化了对社会主义政府建设规律的认识。

一、发展了马克思主义政府建设思想

马克思主义政府建设思想是系统和完整的理论体系,是一个可以在实践中不断丰富、发展的科学体系。马克思主义政府建设思想是伴随着无产阶级的出现、资产阶级的压迫诞生的,并在为了赢得无产阶级与全人类解放的具体实践中得到进一步发展,是深刻阐述无产阶级政府产生、发展与变化的科学理论。马克思、恩格斯运用辩证唯物主义和历史唯物主义的科学方法,结合巴黎公社的成功实践,深刻分析和阐述了无产阶级政府的本质、组织、职能及其运行机制等重大问题,为无产阶级政府的建设和发展提供了坚实的理论基础。列宁继承了马克思主义政府建设思想,并将它运用于苏联的社会主义国家的政府建设实践中。列宁特别发展并实践了马克思主义的廉价政府和廉洁政府建设的思想,在苏联开展了一系列廉价政府和廉洁政府建设的政策措施:精简政府机构及其工作人员、取消政府官员特权、严惩腐败分子、建立完善民主监督制度等。马克思、恩格斯和列宁关于无产阶级政府建设的理论和实践,对社会主义国家政府建设理论探索和实践推进都具有重要的意义。

党的十八大以来,以习近平同志为核心的党中央审时度势,根据国内外环境的变化,结合我国经济社会发展的现实需要,提出了一系列关于服务型政府建设的新观点新论断。习近平总书记关于服务型政府建设的重要论述是马克思主义政府建设思想中国化的具体体现,是习近平在新的历史时期对马克思主义政府建设思想的创新与发展,赋予了马克思主义政府建设思想更加丰富的内涵。一方面,习近平继承了马克思、恩格斯和列宁关于无产阶级政府建设的思想,特别是马克思、恩格斯在国际工人运动时提出的无产阶级政府的人民性、廉洁性、高效性等特点和本质要求,以及列宁根据俄国实践提出的建立廉洁政府、廉价政府、法治政府、责任政府的重要论述和推行民主集中制、加强民主监督、加强纪律建设等政策主张。马克思主义经典作家有关无产阶级政府建设的思想和论述对习近平总书记关于服务型政府建设的重要论述和实践具有重要的借鉴和启发作用。另一方面,习近平又从中国特色社会主义建设的实际情况出发,对服务型政府建设提出了一系列符合中国实际的服务型政府建设思想和论述。在服务型政府的本质上,习近平在继承马克思主义"人民性"思想的基础上,进一步丰富和系统化了"人民性"的思想,将"以人民为中心"的执政理念贯穿于政府各项建设和工作之中。在建设廉价政府上,习近平顺应时代发展要求,结合中国特色社会主义新时代服务型政府建设实际,提出要进一步深化政府机构改革、转变政府管理职能,厘清中央政府和地方之间的权力界限,加强对党员和政府工作人员的管理和监督,加强政府工作人员作风建设,提高政府工作人员行政管理和社会管理水平,推进政务公开,坚持民主管理。强力推进反腐败工作,建立完善反腐败制度体系,坚决反对腐败行为,严肃处理腐败分子,有效地遏制了腐败蔓延的势头。这些理论、政策、举措极大地丰富了马克思、恩格斯廉价政府和责任政府建设的思想和理论。在建立法治政府上,党的十八大以来,以习近平同志为核心的党中央,高度重视中国特色社会主义法治建设。在对我国社会主义事业建设发展历史回顾与总结、对当前我国面临的国内国际环境评估与判断以及结合中华民族伟大复兴的"中国梦"的实现的基础上,提出了全面依法治国的战略,出台了《中共中央关于全面推进依法治国若干重大问题的决定》,对我国推行全面依法治国的重要意义、指导思想与实现途径等做了深刻阐述。习近平指出,法治是治国理政的基本方式,即是构成一个国家现代化治理体系不可或缺的部分,也是促使国家现代化治理能力持续稳定提高的重要手段。推进中国特色社会主义事业建设,提高国家现代化治理水平和能力,就必须推进法治建设,走全面依法治国的道路。习近平强调,推进全面依法治国必须坚持党对全民依法治国的领导,坚持以人民为中心,坚持中国特色社会主义法治道路,坚持依宪治国、依宪执政,坚持在法治轨道上推进国家治理体系和治理能力现代化,坚持建设中国特色社会主义法治体系,坚持依法治国、依法执政、依法行政共同推进,法治国家、法治政府、法治社会一体建设,坚持全面推进科学立法、严格执法、公正司法、全民守法,坚持统筹国内法治和涉外法治,坚持建设德才兼备的高素质法治队伍,坚持抓住领导干部这个"关键少数"。习近平全面依法治国以及建设法治国家和政府的思想和理论是符合中国国情与现实需求的完善的法治思想理论体系,是马克思主义法治理论中国化的最新成果,是习近平新时代中国特色社会主义思想的重要组成部分,是全面依法治国和建立法治国家与法治政府的根本遵循和行动指南,在制度层面、理论层面和实践层面都具有重要的意义。

二、升华了中国共产党政府建设理论

我国今天的政府组织模式及其运行机制,是在我国历史传承、文化传统、经济社会发展的基础上长期发展、渐进改进、内生性演化的结果。新中国成立 70 多年来,中国共产党领导全国人民将马克思主义政府建设思想和理论与中国具体实践相结合,积极探索适合我国国情的服务型政府建设道路,经历了从传统到现代,从管制型政府到管理型政府再到治理型政府的探索历程。

新中国成立后,我国面临着西方帝国主义经济制裁、政治孤立与国内恢复国民经济、稳固新生政权等诸多严峻考验。为了巩固国家政权、维护社会稳定、有计划地建立社会主义经济基础,以毛泽东为代表的第一代领导集体借鉴苏联的经验,选择高度集中的计划经济体制。与此相适应,国家权力渗透覆盖整个社会,全面主导社会生活,形成了"党政一体、政社不分、政企合一"为主要特征的自上而下行政命令式的政府管理模式。政府"大包大揽",管制一切社会公共事务,通过行政命令方式维护社会稳定和秩序。这种计划体制下的一元化管制模式,利用较强的组织和控制能力,最大限度地整合了社会力量,用较短的时间基本建立起独立的工业体系和国民经济体系。但这种体制最大的弊端是党政不分、政企不分、政社不分,对社会活力的释放、正常的社会流动和社会合作产生了较大的影响。

党的十一届三中全会以来,国家的重心转移到经济建设和社会主义现代化建设上来,开启了改革开放的历史新征程。以邓小平为主要代表的党中央针对政府"大包大揽"社会管制方式的弊端,进行党政分开、政社分开、政企分开的"放权"改革。这一阶段,事业单位、社会组织、企业组织等不同的社会组织和市场主体开始参与社会管理,法制化管理方式逐渐取代计划经济体制下一元化的社会管理。随着改革开放的不断推进,中共十四大确定我国经济体制改革的目标是建立社会主义市场经济体制,市场化导向的经济体制改革使政府的行政管制向市场化社会管理转变。以江泽民为主要代表的党中央顺应社会主义市场经济对政府职能及其管理方式的新要求,提出"社会管理"是政府基本职能的新论断,强调要完善和加强政府社会管理职能部门,建设服务型政府。党的十六大以来,以胡锦涛为主要代表的党中央提出全面建设小康社会的奋斗目标,同时明确完善政府社会管理和公共服务职能以及促进"社会和谐"的发展要求,指出要加强和创新社会管理,建立健全与社会主义市场经济相适应的社会管理体制。中共十六届四中全会提出进一步推进政府社会管理体制创新,六中全会则将政府社会管理体制更加完善作为构建社会主义和谐社会的主要任务。中共十七大进一步强调社会建设在中国特色社会主义建设事业中的重要战略地位,社会管理思想日益成熟。中共历届领导人关于政府管理职能以及服务型政府建设的思想和论述,对我国建设服务型政府起到了主要的促进作用,为习近平总书记关于中国特色社会主义服务型政府建设重要论述提供了深刻启示。

中国特色社会主义进入新时代,国际国内形势复杂多变,习近平站在新的历史起点上,抓住历史变革时机,在历史前进的逻辑中、在时代发展的潮流中与时俱进。以习近平同志为核心的党中央深刻分析我国服务型政府建设面临的问题,系统总结新中国成立以来在服务型政府建设上的经验教训,在继承前人的思想上,根据新的形势发展的需要,进一步推进服务型政府建设的理论创新,形成了富有新时代特征的服务型政府建设理论。习近平顺应当代政府建设发展规律,推进我国管理型政府向治理型政府的转变,改革政府机构设置,转变政府职能,加强政府、社会、个人多主体对社会的综合治理,提升政府的社会治理水平和能力。

习近平就如何建立服务型政府的系统论述,主要包括:

(1)要着力转变职能、理顺关系、优化结构、提高效能,把政府主要职能转变到经济调节、市场监管、社会管理、公共服务上来,把公共服务和社会管理放在更加重要的位置,努力为人民群众提供方便、快捷、优质、高效的公共服务。

(2)要优化政府组织结构,加强公共服务部门建设,推进以公共服务为主要内容的政府绩效评估和行政问责制度,完善公共服务监管体系,加快法治政府建设,全面推进依法行政,依法规范政府职能和行政行为。

（3）要加快推进政企分开、政资分开、政事分开、政府与市场中介组织分开，发挥公益类事业单位提供公共服务的重要作用，支持社会组织参与公共服务和社会管理，形成公共服务供给的社会和市场参与机制。

（4）要完善公共财政体系，调整财政收支结构，扩大公共服务覆盖范围，把更多财政资金投向公共服务领域，把更多公共资源投向公共服务薄弱的农村、基层、欠发达地区和困难群众，增强基层政府提供公共服务的能力。

（5）要创新社会管理体制，努力实现管理与服务的有机结合，在服务中实施管理，在管理中体现服务。

（6）要全面加强公务员队伍思想建设、作风建设、能力建设，加强公务员制度建设，不断提高公务员为人民服务的能力和水平。各级政府工作人员特别是领导干部要牢记全心全意为人民服务的宗旨，大力增强公仆意识，切实转变工作作风，努力做到思想上尊重群众、感情上贴近群众、行动上深入群众、工作上依靠群众，时刻把群众的安危冷暖放在心上，多为群众办好事、办实事，真正做到为民、务实、清廉。

三、丰富了习近平新时代中国特色社会主义思想

习近平新时代中国特色社会主义思想是中国化的马克思主义，回答和回应了我国经济社会发展以及国际社会治理的一系列重大问题，为促进中国特色社会主义现代化建设、实现中华民族伟大复兴奠定了重要的理论基础。习近平新时代中国特色社会主义思想内涵丰富、全面系统，涉及改革发展稳定、内政外交国防、治党治国治军等各个方面，是党和国家在新时代建设发展必须坚持的指导思想。其中，习近平总书记关于服务型政府建设重要论述是习近平新时代中国特色社会主

思想的重要组成部分,这些理论对丰富习近平新时代中国特色社会主义思想、推进服务型政府建设以及社会治理体系和治理能力现代化等都具有重要的意义。

党的十八大以来,以习近平同志为核心的党中央,在服务型政府建设上进行了一系列新的探索,提出了许多新观点和新论断。习近平进一步强调政府的"人民性",将"以人民为中心"作为政府一切工作的遵循;深入推进政府机构的改革,转变政府职能,强化政府公共服务责任,注意发挥社会组织在社会治理中的重要作用;推进依法治国、依法行政,建立法治政府;加强政务公开,强化民主管理,加强对政府履职的监督;加强对政府及其工作人员的监督,强力推进反腐败工作,努力解决衙门作风和官僚主义;提升政府管理手段的现代化水平,提升政府社会智力水平和能力等等。围绕建立尽责、廉洁、法治、透明、高效的服务型政府,进行了一系列的理论思考和实践探索。习近平关于服务型政府建设的重要论述,思路缜密,条理分明,逻辑清晰、脉络连贯,是在深入把握治国理政基本规律基础上形成的科学理论成果。习近平总书记关于服务型政府建设重要论述不仅涉及政府自身的建设、发展和改革问题,还与我国"五位一体"的战略部署、国家治理体系和治理能力的现代化密切相关,是从政治建设和社会建设层面对习近平新时代中国特色社会主义思想的丰富与完善。

第二节　习近平总书记关于服务型政府
建设重要论述的实践价值

习近平总书记关于服务型政府建设的重要论述,运用历史唯物主义的基本原理解决我国经济社会发展进程中的现实问题和矛盾,丰富与拓展了中国特色社会主义理论体系,对于解决新时代我国社会主要矛盾、推进国家治理现代化进程、加快行政体制改革以及建设服务型政府等都具有重要的实践价值。此外,中国建设服务型政府的经验,对世界各国服务型政府建设具有一定的借鉴作用。

一、为建设群众满意的服务型政府提供了行动指南

首先,习近平总书记关于服务型政府建设重要论述为我国建设群众满意的服务型政府提供了新的理念和思路。

我国服务型政府的概念可以追溯到 1998 年的政府行政改革,之后经过改革实践及理论探讨。2005 年,在政府工作报告中,温家宝明确提出要努力建设服务型政府。2006 年,建设服务型政府首次被写入《中共中央关于构建社会主义和谐社会若干重大问题的决定》。2007 年党的十七大报告,2008 年、2010 年的政府工作报告,以及"十二五"规划都一再强调要建设服务型政府。2012 年,党的十八大报告将建设"服务型政府"首次上升为建设"人民满意的服务型政府"。2017 年,党的十九大报告再次强调要建设"人民满意的服务型政府",对政府建设和改革提出了新的更高的要求。

建设人民满意的服务型政府的提出,深刻把握了社会主义建设规律,体现了新时代精神,对"人民满意"的强调表明服务型政府建设从"政府本位"向"社会本位"和"人民本位"的转变,也意味着未来政府管理要在回应发展诉求、满足人民需求的同时体现包容性、人本化和精细化,服务型政府的建设应从"人民需求"出发,以"人民满意"为最终追求。习近平总书记关于服务型政府建设重要论述为我国未来政府建设

提供了新的理念和思路。

其次,习近平总书记关于服务型政府建设重要论述为我国建设人民满意的服务型政府提出了战略方向。

在服务型政府建设过程中,如何准确定位其战略目标和战略重点是一个极其重要的问题,科学确定战略目标是科学制定和有效实施战略的核心。而科学的战略目标的制定必须建立在对我国经济社会发展的时代背景的深刻把握之上。改革开放以来,我国经济高速发展,国家经济实力显著增强,物质财富数量成倍增长,人民生活水平显著提高。然而,在肯定我国经济增长和发展成绩的同时,我们也要看到,我国经济社会发展中还存在不少问题。在经济高速发展的同时,社会发展并没有相应地跟上;产品供给与产品需求之间仍然存在着不协调,供给侧与需求侧之间的矛盾仍然比较突出;政府公共服务能力和水平仍然较低,民生问题比较突出;政府重经济轻民生、重经济发展轻社会治理、重管理轻服务、重数量轻质量的问题和倾向仍然比较突出;政府社会治理现代化能力和水平较低。针对我国经济社会发展中存在的这些问题,以习近平同志为核心的党中央,审时度势,准确判断,提出我国服务型政府建设的战略构想。

习近平指出,我国服务型政府建设的总体目标是:政府运行和管理体制机制完善,公共服务能力和水平显著提高。要将政府的工作重心转移到社会建设上来,更好发挥政府在创造良好发展环境、提供优质公共服务、维护社会公平正义等方面的作用,切实解决经济建设和社会建设中"一条腿长、一条腿短"的问题。要重视保障和改善民生,把维护社会公平正义作为社会建设的重点,建设对保障社会公平有重要作用的制度和以权利公平、机会公平、规则公平为主要内容的社会公平保障体系,营造公平公正的社会环境,保障人民平等参与、平等发展的权利。

进一步实现公共服务均等化,推动政府从经济建设型转为公共服务型。从更广泛的意义上讲,广义的社会建设除了狭义的社会建设外,还应包括政治建设、文化建设和生态建设。习近平强调指出,要加强民主政治制度建设,丰富民主形式,保证人民依法实行民主选举、民主决策、民主管理和民主决策。同时加强法治建设,保证人民依法享有广泛的权利和自由。要推进文化建设,树立社会主义核心价值观,全面提高公民的道德素质和文明素质,丰富人民精神文化生活,加强文化创新,增强文化整体实力和竞争力。要加强生态文明建设,建立健全生态文明制度,全面促进资源节约,加大自然生态系统和环境保护力度,提高人的健康、生活质量,使经济社会保持可持续发展。

再次,习近平总书记关于服务型政府建设重要论述为我国服务型政府的改革与创新提出了具体的行动指南。

服务型政府改革与发展的基本途径是社会行政体制改革,构建与完善与社会主义市场经济体制相适应、与建设社会主义民主政治和法治国家相协调的公共行政体制以及行使公共权力、制定公共政策、管理公共事务、提供公共服务,满足公共需求的政府组织体系和管理制度。为此,习近平指出,要加强政府公共服务职能,明确公共服务在政府职能中的主导地位,加大对公共服务的投入,推进以公共服务为主要内容的政府绩效管理。合理划分中央与地方政府之间的公共服务职责,根据不同层级政府的职能定位,细化各级政府的职责分工,建立职责明确、分工合作、法制保障的政府间公共服务责权体系。加强政府公共服务职能,就必须优化政府组织结构。对此,习近平指出,要合理确定政府规模,适当提高公共服务部门的地位和比重,积极稳妥实施大部制,减少职能重叠和交叉,消除政府履职中的推诿扯皮现象。以公共服务为导向推进公共财政改革,以公共服务均等化导向改进财政转移支付制度,以公共服务能力提升为导向改进税收制度,使财政税收从经济建设型向公共服务型转化,保障和改善民生,维护人民根本利益,实现社会公平正义。建设服务型政府,必须加快干部人事制度改革,构建公共人事制度,切实提高公务员服务能力。对此,习近平指出,要以公共性和公共精神为基本遵循,构建公务员公共服务能力框架,改革与完善公共人事管理体制和机制,确立正确的选人用人机制,精兵简政,实现能力主义管理,做到人尽其才、才尽其用。

服务型政府的建设,既包括改革政府管理体制机制,也包括创新服务型政府运行机制。习近平非常重视服务型政府运行机制的创新问题。(1)要建立健全服务型政府决策机制。重新梳理和调整现有行政决策程序,把公共参与机制嵌入行政决策过程,实行政务公开,让人民群众充分参与到政府的决策之中,改变政府与人民群众的互动方式,真正体现人民当家作主的民主权利。(2)建立和完善公共服务合作供给机制。加强政府在公共服务供给方面的主导作用和主体责任,推进社会组织、企业和公民积极参与公共服务供给,改革社会组织管理体制,发挥市场机制的纽带作用,形成多种供给主体既相互分工、公平竞争,又互相补充、密切合作的局面。(3)积极推进政务服务中心建设。优化行政审批服务,全面清理行政审批事项,缩小行政审批的自由裁量权,不断推进网上与大厅审批服务一体化,实现审批服务义务的再造。(4)构建服务型政府绩效管理体系。要健全和规范服务型政府绩效管理组织领导系统和决策机构,改革和完善政府绩效评估机制,调整和完善服务型政府绩效评估指标体系,改进服务型政府绩效评估结果运用机制,严格责任机制,实行行政问责。(5)改革和完善公共服务监督机制。完善公共服务监督主体,加强对政府公共服务履职情况的监督;完善公共服务监督内容,加强对公共服务预算、公共服务过程、公共服务效果等的监督；完善公共服务监督方式和公共服务责任体系，明确各级政府公共服务的法定责任，强化公务员个人的公共服务责任。

二、是推进国家"五位一体"战略、国家治理体系与治理能力现代化的重要保障

党的十八大报告明确指出，要"全面落实经济建设、政治建设、文化建设、社会建设、生态文明建设五位一体总体布局，促进现代化建设各方面相协调，促进生产关系与生产力、上层建筑与经济基础相协调，不断开拓生产发展、生活富裕、生态良好的文明发展道路"[①]。"五位一体"是相辅相成、有机联系的。在经济方面，突出转变经济发展方式；在政治方面，始终坚持党的领导、人民当家作主和依法治国的统一；在文化方面，要坚持高度的文化自觉和文化自信，构建文化强国；在社会方面，始终以保障和改善民生为重点，让改革发展成果惠及全社会；在生态文明建设领域，全面推进绿色发展、循环发展，建设美丽中国。党的十八大报告确定的"五位一体"总体布局，使中国共产党对经济建设、政治建设、文化建设、社会建设、生态文明建设五个方面的认识达到了前所未有的新高度，为社会主义现代化建设指明了正确的发展路径。而"五位一体"总体布局的实现，与服务型政府的建设和改革密切相关。只有通过服务型政府的建设和改革，切实转变政府职能，深化行政体制改革，创新行政管理方式，实现由"管制政府"向"服务政府""法治政府"的转变，才能解决我国新时期新阶段经济、政治、文化、社会、生态方面存在的诸多问题，为推进"五位一体"总体布局的实现提供重要的保证。

---

① 胡锦涛.坚定不移沿着中国特色社会主义道路前进 为全面建成小康社会而奋斗[M].北京：人民出版社，2012：26.

2019 年,《中共中央关于坚持和完善中国特色社会主义制度 推进国家治理体系和治理能力现代化若干重大问题的决定》的颁布,标志着中国特色社会主义事业建设进入新的境界。推进国家治理体系和治理能力现代化,对于巩固党的执政地位,贯彻以人民为中心的执政理念具有重大而深远的意义。习近平总书记指出:"推进国家治理体系和治理能力现代化是坚持和发展中国特色社会主义的必然要求,也是实现中国特色社会主义现代化的应有之义。"①而国家治理体系和治理能力与服务型政府建设密切相关,一方面服务型政府本身就是现代化的国家治理体和治理能力的重要内容,另一方面国家治理体系和治理能力的现代化为服务型政府的建设提供了方向指引。

服务型政府建设的核心理念主要包括公平与平等、效率与竞争、廉洁与透明、民主与参与等,这些价值观念影响服务型政府建设的内在逻辑,对政府行为的选择具有基础性的导向作用。同理,这些价值观念也会影响我国社会治理体系和治理能力路径的选择。与核心价值理念相适应,我国服务型政府的模式必然表现为法治政府、有限政府、责任政府、廉洁政府和高效政府。法治政府是指政府在行使权力履行职责的过程中坚持法治原则,严格依法行政,政府的各项权力都在法治轨道上运行。有限政府是指政府的权力及其运用受到法律的严格限制,在法律规定的范围内开展政府行政和治理活动。责任政府是指政府应承担使用权力的相应责任,承担使用权力的不良后果和惩罚。廉洁政府是指政府及其工作人员要正确使用权力,坚持既有规范,杜绝或避免谋取私利的行为。高效政府是指政府部门要遵循"小政府"理念,精简机构和人员,用更少的花费提供更多高质量的服务。法治政府、有限政府、责任政府、廉洁政府和高效政府是推进我国治理体系和治理能力现代

---

① 习近平.习近平谈治国理政:第一卷[M].北京:外文出版社,2014:104.

化的重要内容和保证,没有法治政府、有限政府、责任政府、廉洁政府和高效政府的建设,国家治理体系和治理能力现代化是无法实现的。

党的十八大以来,以习近平同志为核心的党中央积极推进法治政府、有限政府、责任政府、廉洁政府和高效政府的建设工作,推出一系列政策措施。在建立法治政府方面,习近平 2012 年在党的十八大报告中提出"依法治国基本方略全面落实,法治政府基本建成"的法制目标,2014 年党的十八届四中全会审议通过了《中共中央关于推进全面依法治国若干重大问题的决定》,对依法治国的重要意义、指导思想和实现路径等做了深刻阐述,对推动我国法治国家和法治政府的建设具有重要的意义。习近平强调指出,法治政府既是构成一个国家现代化治理体系不可或缺的部分,也是促使国家现代化治理能力持续稳定提高的重要手段。要实现国家治理体系和治理能力的现代化,就必须走依法治国的道路,建设人民满意的法治政府。

在建立有限政府方面,习近平指出,要优化政府组织结构,转变政府管理职能。理顺政府内部的关系,合理界定政府部门之间的职责范围,依法定岗定责,避免职能交叉、机构臃肿、人浮于事的现象。理顺政府和社会、市场、企业之间的关系,积极推进"政企分开、政资分开、政事分开、政社分开",强化政府的公共服务职能,下放相关经济职能给市场和企业,充分发挥市场的基础性调节作用,最大限度地调动企业生产经营积极性。在建立责任政府方面,习近平指出,以人民为中心是我们的根本执政理念。政府要着力解决人民群众最关心、最直接、最现实的利益问题,切实保障和改善民生。要坚持人民民主的基本原则,尊重人民的权利,提供人民群众参与公共服务决策的机会和渠道,享受到真正意义上的公平公正,实现自由全面发展。在建立廉洁政府方面,以习近平同志为核心的党中央强力推行反腐败工作,建立廉洁政府。积极推行反腐败工作的制度化、常态化、法治化,建立健全监督制度和机制,坚决打击和惩处腐败人员和行为。另外,习近平强调建设廉洁政府还要做好"倡廉"工作,他积极推进政府机关及其工作人员的作风建设,反对形式主义和官僚主义,防止奢侈浪费,提高工作效能。在建设高效政府方面,习近平指出,政府部门要做到依法行政,推进政府工作制度化、规范化建设,优化办事流程,提高行政效能;要敢于担当,勇于负责,强化政府工作的执行力;要用心谋事,勤勉作为,增强工作本领,提高解决实际问题的能力。总之,习近平总书记关于服务型政府建设重要论述和政策措施,在推进人民满意服务型政府建设的同时,也为我国国家治理体系和治理能力现代化建设提供了重要保证。

三、为世界别国政府改革和建设提供了有益借鉴

首先,为世界提供了中国式政府建设模式。

当代较为典型的政府模式是以西方国家为代表的福利政府模式,它以高福利政策维持社会的运转,满足民众的利益需求。20 世纪 30 年代的经济"大萧条"迫使欧洲许多国家选择了福利国家的道路,第二次世界大战之后,福利国家及其政府成为很多国家的优先选择。然而到了 20 世纪 70 年代末 80 年代初,这些福利国家及其政府面对沉重的福利供给压力,不堪重负,政府财政发生了重大危机。另外,政府在提供福利的过程中,调控失灵,问题频发,广受批评和指责。在这种背景下,20 世纪 80 年代西方国家兴起了一场轰轰烈烈的政府改革运动——新公共管理运动,试图通过政府改革化解政府社会治理危机。与此相应,学界也提出了新公共管理论。在新公共管理运动中,西方国家政府改革的主要做法是在政府管理中引入企业管理的理论、技术、方法、经验

和市场竞争机制,试图通过公共管理市场化、社会化来提高政府社会治理的效率,缓解政府的财政危机、信任危机。但西方国家及其政府推行的新公共管理运动改革的只是政府运行的"技术和方法",并没有变革政府模式和社会治理模式。正因为如此,新公共管理运动在20世纪90年代末受到人们的广泛质疑,不少人对此提出了批评。为此,登哈特夫妇提出了新公共服务理论,对新公共管理理论和运动进行了批判,并提出重视人、重视公民权利、重视公共利益和公共服务、服务重于管理、强化民主管理、扩大责任范围等主张。新公共服务理论实际上是对"新公共行政"的回归,其基本精神在于要求政府行政须在宪法和公民权利的权威下进行,改善政府行政的质量和水平。然而,就其本质而言,新公共服务理论也只是对新公共管理理论的一个补充和修正,而不是一种全新的政府模式的构想。

　　与国外政府改革的情况不同,中国服务型政府的建设与改革是一个包括模式、管理体制和运行机制在内的系统改革,其中包括改革政府机构、转变政府职能、强化公共服务、创新监管方式、增强政府执行力等内容。党的十八大报告中指出:"要按照建立中国特色社会主义行政体制目标,深入推进政企分开、政资分开、政事分开、政社分开,建立职能科学、结构优化、廉洁高效、人民满意的服务型政府。"[①]习近平在党的十九大报告中也指出:"转变政府职能,深化简政放权,创新监管方式,增强政府公信力和执行力,建设人民满意的服务型政府。"[②]由此可见,中国服务型政府建设与改革是系统性的整体推动,是政府模式及其整个治理模式的变化,它超越了西方国家政府改革的工具理性范畴。中国

---

　　①　胡锦涛.坚定不移沿着中国特色社会主义道路前进 为全面建设小康社会而奋斗[M].北京:人民出版社,2012:23.

　　②　习近平.决战全面建设小康社会 夺取新时代中国特色社会主义伟大胜利[M].北京:人民出版社,2017:33.

服务型政府的建设为政府及其治理模式的研究提供了新的理论范式，为世界各国政府建设与变革的实践提供了有益的借鉴，为世界贡献了中国智慧、中国模式和中国方案。

中国服务型政府建设的理论和实践，不仅为世界提供了可资借鉴的政府治理模式，而且为世界提供了政府建设与改革的路径与方法。首先，中国服务型政府建设走自己的路，具有中国特色。改革开放以来，中国在服务型政府建设中，坚持解放思想、实事求是，独立自主，走自己的路，创造性地解决中国政府建设和改革中遇到的问题。一方面坚持科学社会主义的基本原则。中国作为社会主义国家，在服务型政府建设过程中，始终坚持社会主义方向。在理念上，坚持马克思主义对服务型政府建设的指导；在价值取向上，坚持人民当家作主，维持社会公平正义，逐步实现共同富裕，使发展成果惠及全体人民；在政治立场上，坚持中国共产党对服务型政府建设的领导，坚持人民民主的国家政权，坚持社会主义基本经济制度，坚持社会主义民主；在发展方式上，坚持以人民为中心，全面协调地推进经济建设、政治建设、文化建设、社会建设和生态建设。另一方面根据我国实际和时代特征赋予科学社会主义以鲜明的中国特色。列宁曾经指出："一切民族都将走向社会主义，这是不可避免的，但是一切民族的走法却不会完全一样。"中国共产党坚持走自己的路，坚持从中国的具体国情出发，从中国特色社会主义发展阶段的实际出发，着眼于解决不平衡不充分发展问题，着眼于满足人民对美好生活的追求，提出经济建设、政治建设、文化建设、社会建设、生态建设"五位一体"的总体布局，提出推进国家现代化治理体系和治理能力建设的战略目标，提出建设责任政府、法治政府、廉洁政府、透明政府、高效政府的战略任务。所有这些，都体现了鲜明的中国特色、时代特色，是根植于中国大地现实土壤中活生生的社会主义服务型政府的做法和经验。

其次,中国服务型政府的建设和改革是在继承中发展、在发展中创新,不是采取疾风骤雨式的激进式推进,而是采取渐进式推进的方式,这种方式有利于政府建设的稳定性和连续性,防止波动和大起大落。

我国服务型政府的建设与改革始于改革开放之初,至今仍在发展之中。1982年国务院的机构改革方案,首先对国务院的领导体制和领导方法进行了改革,明确各部门及其所属机构的任务和职责范围,解决分工不明、责任不清问题;废除领导干部职务终身制,推行干部离退休制度;提高干部素质,实行干部轮训;选贤任能,加强领导班子建设。1984年党的十二届三中全会通过的《中共中央关于经济体制改革的决定》,为政府行政改革指明了前进的方向。1988年的国务院机构改革,首次提出定职能、定机构、定人员的"三定"方案,这次机构改革的基本要求是转变职能,下放权力,调整结构,精简人员,减少政府干预企业的经营活动,加强政府的宏观调控职能,改变机构设置不合理和行政效率低下的问题。1992年中共十四大明确提出建立社会主义市场经济体制,为政府改革定出了基调。1993年的国务院机构改革把适应社会主义市场经济作为改革的目标,改革的主要内容是转变政府职能,实行政企分开,加强宏观调控,强化社会管理职能部门,较少具体审批事项和对企业的直接管理。1997年党的十五大报告中首次提出"健全社会主义法制,依法治国,建设社会主义法治国家",将"加强法制建设"引入政治体制改革的任务之中,提出要:深化行政体制改革,实现国家机构组织、职能、编制、工作程序的法定化,严格控制机构膨胀,坚决裁减冗员;深化人事制度改革,引入竞争激励机制,完善公务员制度,建立一支高素质的专业化国家行政管理干部队伍;培育和发展社会中介组织,发挥它们在社会管理中的积极作用。1998年的政府机构改革的主要特点是将"依法治国、依法行政"作为改革的原则,加快组织、职能、编制和程序法制化的步伐,培养和发展社会中介组织,建立健全市场竞争机制。2002年党的十六大报告首次提出"行政管理体制改革",2003年国务院机构改革方案再次强调转变职能是行政管理体制改革的关键,明确指出政府的职能主要是经济调节、市场监管、社会管理和公共服务,为此要求政府要改进管理方式,减少行政审批事项,规范审批行为。2004年温家宝在中央党校省部级领导干部"树立与落实科学发展观"专题研讨班结业典礼上正式提出"建设服务型政府"的概念,2006年中共十六届六中全会通过的《中共中央关于构建社会主义和谐社会若干重大问题的决定》进一步明确要"建设服务型政府,强化社会管理与公共服务职能",建设服务型政府得到中央高层的高度重视。2007年中共十七大再次提出"加快行政管理体制改革,建设服务型政府"的要求,服务型政府建设被列入构建社会主义和谐社会的重要内容。中共十七届二中全会明确提出"到2020年建立起比较完善的中国特色社会主义行政管理体制"的总体目标,为服务型政府建设指明了前进的方向和努力的目标。2008年国务院的机构改革根据中共十七大的精神,主要任务是"围绕转变政府职能和理顺部门职责关系,探索实行职能有机统一的大部门体制"。改革的具体内容主要包括:加大机构整合力度,探索实行职能有机统一的大部门体制,建立健全部门间协调配合机制;加快推进政企分开、政资分开、政事分开、政府与市场中介组织分开,规范政府行为,加强行政执法部门建设,减少和规范行政审批,减少政府对微观经济运行的干预,加快推行事业单位分类改革等。2012年中共十八大提出了建设职能科学、结构优化、廉洁高效、人民满意的服务型政府,提出了服务型政府的四大标准和四大目标,即"职能科学、结构优化、廉洁高效、人民满意"。建设服务型政府的具体要求是:深入贯彻以人为本理念,确立政府职能有限理念,推进政府法治建设,推进政府民主化建设,建立权力相互制约和相互协调运行机制,推进政府大部制改革,实行省直管县(市)体制,推进政府绩效建设,推进政府透明化建设,推进政府责任建设,推进政府电子商务建设,推进政府反腐倡廉建设。2017年中共十九大再次重申建设群众满意服务政府的建设问题。2019年,根据党的十九大的精神,中共中央颁布了《深化党和国家机构改革方案》,随后国务院出台了政府机构改革方案,国务院机构改革旨在破除制约使市场作用发挥的体制机制弊端,建设现代化经济体系,加强和完善政府经济调节、市场监管、社会管理、公共服务、生态环境保护职能,着力推进重点领域和关键环节的机构职能优化和调整,构建起职责明确、依法行政的政府治理体系,提高政府执行力。从我国服务型政府建设和改革的实践看,是一步一个脚印、一代接着一代,渐进式地逐步推进。

再次,中国服务型政府的建设和改革坚持问题导向。

中国服务型政府的建设坚持问题导向原则,紧紧抓住影响政府运行和管理中的关键问题,予以重点突破。总结中国服务型政府建设和改革的实践过程,先后涉及的主要问题包括:

(1)改革审批制度,转变政府职能。从2001年开始启动行政审批制度改革至今,国务院先后进行了多次行政审批权改革,取消了大量的行政审批项目,促进了政府职能的转变。

(2)优化行政程序,提高服务效率。通过建立行政服务中心和推广电子政务,方便了政府和社会的交流和沟通,提高了行政服务效率。

(3)实行政务公开,打造阳光行政。2000年中共中央办公厅、国务院办公厅发出《关于在全国乡镇政权机关全面推行政务公开制度的通知》,2005年中共中央办公厅、国务院办公厅发出《关于进一步推行政务公开的意见》,根据中央的指示精神,各级政府纷纷出台了自己的政务公开办法,实行政务公开、打造阳光政府成了各级政府的普遍做法。

(4)扩大分权范围,调动多方面的积极性。"简政放权"一直是中国行政体制改革的重点,但在不同阶段,"放权"的特点和内容又有所不同。在1982—1998年的行政改革中,分权主要表现为中央向地方放权和中央向企业放权两种方式,中央向地方分权主要是为了调动地方的积极性和主动性;中央向企业分权主要是实行"政企分开",增强企业的活力和市场竞争力。在1998年的行政改革中,除了继续强调向地方政府、企业放权外,还强调政府要向社会放权。在2008年的行政改革中,强调在公共事务管理中,除了切实发挥好政府应有的作用外,要更好地发挥公民和社会组织的重要作用。

(5)实行大部制改革,理顺政府内部关系。为了推进政府职能转变和理顺职责关系,2008年我国第一次将大部制改革作为政府机构改革和建设服务型政府的重要内容。党的十八大继续将大部门体制作为推进行政体制改革和服务型政府建设的重要举措。2013年国务院机构改革和职能转变方案对有关大部制改革做了具体部署。

(6)改革社会组织管理,培养社会治理新主体。第一,分类推进事业单位改革,积极引导事业单位向社会组织或非政府组织转变,成为独立的事业单位法人和公共服务的供给主体。第二,改革社会组织管理制度。加快形成政社分开、权责明确、依法自治的现代社会组织体制。实行行业协会、商会与行政机关脱钩,强化行业自律。健全社会组织管理制度,推进社会组织完善内部治理结构。

强烈的问题意识贯穿于建设服务型政府的整个过程之中,使服务型政府建设工作做到有的放矢,在实践中不断取得突破,顺利地推进了服务型政府建设进程。另外,中国服务型政府建设和新公共管理理论改革积极借鉴世界优秀的理论成果,为服务型政府建设和改革的实践提供坚实的价值基础和理论支撑。当代理论界与政府建设和改革有关的代表性的理论主要包括委托—代理理论、新公共管理理论、新公共服务理论和公共治理理论。我国在服务型政府建设和改革中,吸收这些理论中的合理内核,结合我国的具体国情予以正确运用。委托—代理理论认为,政府的权力给予人民权力的让渡,主权在民,因而政府的合法性来源于人民的认可,人民是政府的所有者和委托人,政府理应为人民利益服务。我国在服务型政府建设和改革中,积极吸收这个基本思想,将"以人民为中心"作为服务型政府建设的根本宗旨,将人民对美好生活的追求作为政府工作的目标,自觉使政府的利益目标函数让位于、一致于人民的利益。新公共管理理论强调管理的自由化和市场化,主张公共部门应吸纳和借鉴私营部门的管理方法和价值理念,通过构建一种新的治理框架,促进政府治理的创新,增进公共利益和公共服务。

Part III

第三篇

福建省服务型政府建设路径研究

第七章　福建省服务型政府建设的传承实践与主要成效

第一节　福建省服务型政府建设的发展历程

自改革开放以来,为了适应国内外形式的发展变化,以及经济、政治、文化、社会、生态文明等领域改革的全面推进,我国进行了七次比较大规模的政府机构改革,改革措施不断推陈出新,政府原有职能的范围、重点以及职能履行方式发生了转移和改变,政府职能随着改革不断推进,由全能型政府、管制型政府逐步转变为有限型政府和服务型政府。在此过程中,转变政府职能逐步成为行政体制改革的重要内容和核心任务。近 20 年来,福建省的服务型政府建设在改革开放中不断深入推进。

一、服务型政府建设的改革探索

2001 年,我国加入世界贸易组织。加入世贸组织后,全球经济一

147

体化加速发展,我国面临着新的国际经济贸易环境以及国际贸易规则。随着经济全球化进程的加快,国际贸易规则对于我国经济发展的影响和制约也越来越大,我国现行的一些政策法规、经济管理方式等还不能完全适应其要求。我国的政府职能在此背景下进一步加快转变。2002年党的十六大明确提出要进一步转变政府职能,并且明确界定了政府的职能主要为经济调节、市场监管、社会管理和公共服务。报告中提出要改进管理方式,推行电子政务,提高行政效率,并按照精简、统一、效能的原则和决策、执行、监督相协调的要求,继续推进政府机构改革。在转变政府经济管理职能的同时,强调了政府在社会管理和公共服务方面的职能。[①] 2003年"非典"事件的突然暴发使我国政府深刻地认识到政府改革中社会发展和人民群众的重要性,政府的社会管理和公共服务职能的重要性也不容忽视。党的十六届三中全会明确提出必须以人为本,走科学发展之路,促进经济社会和人的全面发展,强调"按照统筹城乡发展、统筹区域发展、统筹经济社会发展、统筹人与自然和谐发展、统筹国内发展和对外开放的要求",推进改革和发展。围绕当时经济社会发展中的一些主要问题,2003年的政府机构改革中强调"完善政府社会管理和公务服务的职能,为全面建设小康社会提供强有力的体制保障",并且开始注重深化行政审批制度改革。[②]

　　"建设服务型政府"是2004年国务院总理温家宝在中央党校省部级领导干部"树立和落实科学发展观"专题研究班结业式上正式提出的。2005年十届全国人大三次会议把"建设服务型政府"写进了政府工作报告,寓管理于服务之中,要求政府更好地为基层、企业和社会公

---

① 江泽民.全面建设小康社会,开创中国特色社会主义事业新局面[N].人民日报,2002-11-08.

② 《十六大以来重要文献选编(上)》[M].北京:中央文献出版社,2005:465.

众服务；健全社会听证、社会公示等制度，其目的是让人民群众更加广泛地参与到公共事务管理当中，明确提出要大力推进政务公开、加强电子政务的建设，以增强政府工作透明度，从而提高政府公信力。2006年则再次强调要"建设服务型政府，强化社会管理和公共服务职能"。"建设服务型政府"首次被写入党的指导性文件中。

2007年党的十七大报告中明确了建设服务型政府的目标：健全政府职责体系，完善公共服务体系，强化社会管理和公共服务；减少和规范行政审批，减少对微观经济运行的干预，以及规范与垂直管理部门的关系；减少行政层次，降低行政成本。[①] 同时还首次提出实现基本公共服务均等化的战略目标。2008年党的十七届二中全会通过的《关于深化行政管理体制改革的意见》中首次提出"深化行政管理体制改革要以政府职能转变为核心"，明确了政府职能转变的总体方向。政府职能转变的地位越来越重要，逐步明确成为深化行政体制改革的核心任务，政府职能的定位也越来越明晰，政府的社会管理和公共服务职能逐步完善，初步建立起了适应当时经济社会发展需要的政府职能体系。

"行政体制改革是推动上层建筑适应经济基础的必然要求。"2012年党的十八大报告中指出，要深入推进政企分开、政资分开、政事分开、政社分开，建设职能科学、结构优化、廉洁高效、人民满意的服务型政府。其具体目标为继续简政放权，深化行政审批制度改革；创新行政管理方式，推进政府绩效管理，降低行政成本；完善体制改革协调机制，统筹规划和协调重大改革。这促使政府职能向创造良好发展环境、提供

---

① 胡锦涛.高举中国特色社会主义伟大旗帜为夺取全面建设小康社会新胜利而奋斗[N].人民日报,2007-10-15.

优质公共服务、维护社会公平正义三个方面转变,[①]也对政府的职能转变提出了更加明确的要求。在党的十八届二中全会上,习近平总书记明确指出,转变政府职能是深化行政体制改革的核心。习近平总书记认为,"实质上要解决的是政府应该做什么、不应该做什么,重点是政府、市场、社会的关系,即哪些事该由市场、社会、政府各自分担,哪些事应该由三者共同承担"[②],即要明确政府权力的边界,以及政府、市场、社会三者的分工。关于政府职能转变的方向,习近平总书记强调政府职能要向三个方面转变,即创造良好的发展环境、提供优质公共服务、维护社会公平正义,也就是按照党的十八大报告中所确定的总方向转变。十二届全国人大一次会议上通过的《国务院机构改革和职能转变方案》中第一次在党和国家的重要文件中将职能转变与机构改革相并列。方案指出要理顺与市场、企业等各方面的关系以及中央和地方的关系,更大力度地推进简政放权,取消和下放权力,同时加强事中事后监管,提升政治治理水平和能力。

2013年党的十八届三中全会上明确了政府改革的目标——推进政府治理现代化,并且提出市场在资源配置中起决定性作用,厘清了政府和市场之间的关系,更好地把握了政府干预市场的尺度。会议通过的《中共中央关于全面深化改革若干重大问题的决定》,指出要切实转变政府职能,以深化行政体制改革为突破口,增强政府公信力和执行力,建设法治政府和服务型政府,有效的政府治理是发挥社会主义市场经济体制优势的内在要求。具体举措包括:全面正确履行政府职能,进一步简政放权,深化行政审批制度改革,市场机制能够有效调节的经济

---

① 胡锦涛.坚定不移沿着中国特色社会主义道路前进,为全面建成小康社会而奋斗[N].人民日报,2012-11-08.

② 习近平.在党的十八届二中全会第二次全体会议上的讲话[N].人民日报,2013-02-28.

活动一律取消审批,减少中央政府对微观事务的管理,行政审批事项要规范管理、提高效率,由地方管理更方便更有效的社会事项下放地方和基层管理;优化政府组织结构,完善既相互制约又相互协调的行政运行机制,确保权责一致。[①]

二、新时代服务型政府建设

党的十九大报告明确提出"新时代我国社会主要矛盾是人民日益增长的美好生活需要和不平衡不充分的发展之间的矛盾,必须坚持以人民为中心的发展思想,不断促进人的全面发展、全体人民共同富裕",中国特色社会主义已经进入新时代,新时代政府职能转变的任务也变成了"转变政府职能,深化简政放权,创新监管方式,增强政府公信力和执行力,建设人民满意的服务型政府"[②],服务型政府建设的目标更加清晰,也开启了政府机构改革的新篇章。"人民满意"成为新时代服务型政府建设的目标指向,人民也成为政府服务的评判主体。政府服务必须围绕人民群众的切身利益的民生保障、经济发展和社会治理等方面不断推进,实现平衡充分发展,使人民共享成果。新时代的服务型政府是治理型政府,需要满足多元增长的公共需求,解决繁杂的公共问题。这就要求政府在做好自身职能优化和行政资源配置的同时,必须协同市场和社会,因为他们既是实质服务对象,是美好生活需要的提出者,也是互补服务主体,是公共治理新格局的参与者。新时代建设人民满意的服务

① 中共中央关于全面深化改革若干重大问题的决定[EB/OL].(2013-11-15)[2022-05-08].http://www.gov.cn/jrzg/2013-11/15/content_2528179.htm.
② 习近平.决胜全面建成小康社会夺取新时代中国特色社会主义伟大胜利[EB/OL].(2017-10-27)[2022-05-08].http://www.gov.cn/zhuanti/2017-10/27/content_5234876.htm.

型政府是对中国特色社会主义理论的丰富和拓展,有着很多理论意义。

三、福建省服务型政府的兴起

1990 年,改革开放已经进行了一段时间,但是在此过程中,旧的思维模式、僵化的体制机制总会同新模式新思想发生矛盾,产生了许多亟待改变的问题。时任福州市委书记的习近平,对于当时政府机关效能低、服务能力不足的问题进行了思考,在政府工作方面推进了一场重大的转变。在接任福州市委书记之前,习近平在宁德地区担任了两年的地委书记,始终保持高效务实的工作作风,从"四下基层",到"弱鸟先飞""滴水穿石",带领宁德坚定地走上摆脱贫困的征程,也使"马上就办"的责任感和使命感在宁德蔚然成风。

"作为首批 14 个沿海开放城市之一,上世纪 90 年代初的福州,综合实力、竞争力与同类城市相比差距不小:没有高速公路、没有大型港口,即便是全省也仅有两条铁路沟通内外……"①面对这样的现实,福州的一些干部依旧精神懈怠、作风懒散,机关工作人员办事只跟自己的利益挂钩,官僚主义严重。在这种情况下,转变政府工作作风迫在眉睫。在 1991 年的福州市委工作会议上,习近平明确提出"要大力提倡'马上就办'的工作精神,讲求工作时效,提高办事效率,使少讲空话、狠抓落实在全市进一步形成风气、形成习惯、形成规矩",力图破除政府工作"庸、懒、散"的现象,转变政府工作作风,提升政府机关效能。在福州经济技术开发区召开的现场办公会上,习近平进一步提出了首要研究急需解决而又有能力解决的事,本着"马上就办"的精神实施。一场倡导

---

① 实干才能梦想成真.习近平同志在福州工作期间践行"马上就办"纪实[J].秘书工作,2015(2):4-15.

"马上就办"的政府效能改革悄然开始。

"马上就办"不只是一句口号,习近平通过真抓实干、亲力亲为,向福州人民证实了这一点。对于群众来信和群众意见,他都批阅、查办,做到让群众满意和放心。他推动政府工作走出办公室、走进万家中,大力实施"安居工程""广厦工程""造福工程"三大民生工程,提出了"进万家门、知万家情、解万家忧、办万家事"的工作思想,带领政府干部深入百姓的实际生活中,全心全意为人民服务,切实解决好人民群众的生产生活问题,推动服务型政府建设。

在机关效能建设过程中,习近平提出,要加快转变政府职能,减少行政审批事项,优化部门职能,保证政府机构顺畅高效地运行。2001年5月,习近平明确提出今后政府职能转变的关键是要做到"有所为有所不为",更多地向社会提供公共服务,发挥更大的作用。在福建工作期间,习近平六年里七下晋江,总结出"晋江经验",并在2002年8月20日的《人民日报》和10月4日的《福建日报》上,以两篇重磅署名文章全面深刻系统提出以"六个始终坚持"和"正确处理好五大关系"为主要内涵的"晋江经验"。"晋江经验"提及政府、市场的关系和定位,为之后理论指导改革发展提供了思路。习近平探索和建立了一系列制度推进政府职能转变,如岗位负责制、首问负责制、一次告知制度等等,倡导"一栋楼办公",推行"一个中心、一条龙"管理模式,优化政务服务,提高政府办事效率。这些突破性的创新举措,使福建的服务型政府建设更进一步。

第二节　福建省服务型政府建设的主要成效

一、深化"放管服"改革，推进行政审批制度改革

"放管服"改革是简政放权、放管结合、优化服务的有机结合，是全面深化改革的重要内容，三个环节环环相扣，旨在推动政府职能的转变。面对经济下行压力的持续加大，我国在党中央的领导下，着力深化改革创新，推进供给侧结构性改革，推动经济的转型升级，一方面完善宏观调控，为经济保持合理区间内的运行营造稳定的宏观环境；同时围绕处理好政府和市场的关系，最大程度地减少政府对微观经济的干预，激发市场活力。"放管服"改革是对"放开搞活"历史经验的延续和发展，也是完善社会主义市场经济体制、全面深化改革的重要内容。改革开放以来，我国的经济体制改革不断深化，市场在资源配置中的作用也不断深化，从对资源配置起辅助性作用，到"起基础性作用"，再到"起决定性作用"，政府和市场的关系也在不断变化。简政放权、放管结合是全面深化改革的"当头炮""先手棋"，结合优化服务形成了"放管服"全面推进的格局，为我国社会其他领域的改革提供了助力。[①] 习近平总书记明确提出，"政府要切实履行好服务职能，这是毫无疑义的，但同时也

---

　　① 李克强.在全国深化"放管服"改革转变政府职能电视电话会议上的讲话[EB/OL].（2018-07-12）［2022-05-12］. http://www.gov.cn/guowuyuan/2018-07/12/content_5305966.htm.

不要忘了政府管理职能也很重要,也要履行好,只讲服务不讲管理也不行,寓管理于服务之中是讲管理的,管理和服务不能偏废,政府该管的不仅要管,而且要切实管好"①。

(一)近年来福建省"放管服"改革的推进

2015年福建省人民政府印发的《2015年推进简政放权放管结合转变政府职能工作方案》中指出,要适应改革发展的新形势、新任务,"从重数量向重质量转变,从分头分层级推进向纵横联动、协同并进转变,从减少审批向放权、监管、服务并重转变",统筹推进其他领域的改革,着力解决领域、部门及层级之间的重大问题;大力简化投资审批,进一步规范行政权力运行,实现"三证合一""一照一码",加强行政审批标准化建设和管理,提高行政审批效率;强化事中事后监管,为企业松绑减负,稳增长、促改革、调结构、惠民生,为我省经济社会的发展提供新动力。八个主要任务为:

(1)深入推进行政审批制度改革。遵循"六个一律"②的要求,简政放权,取消和调整一批行政审批事项,对于已经取消下放的行政审批事项,做到彻底放、放到位,严肃纪律,严肃执行。全面推行行政权力清单制度,建立权力和责任清单动态调整机制;进一步规范行政审批行为,推进"三集中"改革试点。加快推进"福建省网上办事大厅建设",推动地区设立行政审批中介服务大厅。

---

① 习近平.习近平关于社会主义政治建设论述摘编[M].北京:中央文献出版社,2017:112.

② 六个一律:市场机制能有效调节的经济活动,一律取消审批;直接面向基层、量大面广、由地方管理更方便有效的事项,一律下放地方和基层管理;企业投资项目,除特殊情况外,一律由企业依法依规自主决策,政府不再审批;其他省已取消的审批项目,我省也一律取消;非行政许可审批项目,除国务院明确规定外,原则上一律取消;已改为备案的事项,一律不得搞变相审批。

（2）深入推进投资审批改革。进一步取消下放投资审批权限,将更为方便有效的事项下放给市、县投资部门管理。组织开展投资中介服务的清理规范工作,简化前期咨询评审内容,赋予福建自贸试验区实施省级企业投资项目核准事项的核准权限。加快投资项目管理信息系统建设,推进投资项目实行网上并联审批,健全全省投资项目审批和监管体系。

（3）深入推进职业资格改革。分批清理和取消职业资格许可认定,建立福建省职业资格目录清单。加强对职业资格实施的监督,细化管理规定,做好清查摸底工作,及时清理整顿存在的问题。做好承担水平评价类职业资格认定工作的监督指导工作。

（4）深入推进收费清理改革。对于违规设立的、没有法律法规依据、越权设立的收费基金项目一律予以取消;取消政府提供普遍公共服务或体现一般性管理职能的、各种没有法定依据的中介服务项目及收费;指导和督促省直有关部门对涉企收费进行全面清理。编制并公布收费目录清单,查处乱收费行为。

（5）深入推进工商登记制度改革。福建自贸试验区"一照一码"的做法在全省进行复制推广,实施"一照一码"登记制度。落实"先照后证"改革,及时公开决定保留的前置审批事项目录。简化外商投资企业设立程序。创新优化登记方式,简化和完善企业注销流程。加快推进电子营业执照建设,推进企业全程电子化登记管理方式。

（6）深入推进科教文卫体领域相关改革。落实领域取消下放的行政审批事项,加强对领域取消下放行政审批事项的事中事后监管措施,检查存在的问题并加以整改。对现有行政审批事项进行全面梳理,再取消下放一批行政审批事项。

（7）深入推进监管方式创新,优化政府服务。加强事中事后监管,创新监管方式,提升监管效能。组织开展全省企业经营行为抽查,促进企业诚信自律。对于严重违法企业,依法从严监管。贯彻国家有关部门关于失信企业协同监管和联合惩戒合作备忘录精神,构建跨部门约束机制。积极运用信息化手段,探索实行"互联网＋监管"新模式。充分调动社会监督力量,形成"政府监管、企业自治、行业自律、社会监督"的新格局,切实提高政府公共服务的针对性和实效性。

(8)进一步强化改革保障机制。建立健全简政放权、放管结合,转变政府职能工作推进机制。强化责任意识、积极跟进,做好衔接、上下联动。明确改革重点,着力解决企业和群众反映强烈的问题,切实增强改革的针对性和有效性。①

该方案从行政审批、投资审批、职业资格、收费管理、商事制度、教科文卫体几个领域对简政放权、放管结合、转变政府职能改革提出了具体要求,并制定了工作情况通报制度。还指出改革的重点方向是涉及民生的问题,做到责任落实,加快建设法治政府、创新政府、廉洁政府和服务型政府,为我省经济社会的发展提供有力支撑。据福建省人民政府2016年政府工作报告,2015年福建省省级行政审批事项精简到314项,企业投资事项保留30项,全省80％以上的行政审批和公共服务事项实现网上预审或办理,大大提高了行政审批效率;福建省在全国率先实行"一照一码"登记制度,全省新登记企业数增长27.3％,民间投资增长17.2％,民营经济占全省生产总值的67.3％,面对经济下行的压力企业依然有较大的活力;公共信息平台开通运行。

福建省人民政府印发了《2016年福建省推进简政放权放管结合优化服务工作要点》深入贯彻了党的十八大及党的十八届二中、三中、四中、五中全会的精神,树立创新、协调、绿色、开放、共享的新发展理念,

① 国务院.2015年推进简政放权放管结合转变政府职能工作方案[EB/OL].(2015-05-15)[2022-05-25].http://www.gov.cn/zhengce/content/2015/05/15/content_9764.htm.

在更大范围、更深层次上以更有力的举措推进"放管服"改革,更好地处理政府和市场的关系,继续完善体制机制,促进我省的经济社会持续健康发展。相比2015年,2016年提出了更进一步的要求,进一步深入推进行政审批、投资审批、职业资格、商事登记、收费清理、教科文卫体领域的改革。

(1)在行政审批制度改革中,要进一步清理精简行政审批,突出问题导向、基层导向和需求导向,同时提高放权的协同性、联动性;积极推进省级权限下放自贸试验区、福州新区等区域,推进特殊区域的行政审批制度改革创新;对于之前下放事项的落实情况组织"回头看",加强跟踪指导;完善部门权责清单制度,统筹推进权责清单的融合,实现全省权责清单全覆盖;进一步细化政府的社会管理和公共服务职能,将公共服务事项纳入清单管理;在行政审批服务标准化管理中全面落实"五个规范"和"四个统一",实现同类审批和服务事项的"同标准审批"。

(2)在投资审批制度改革中,要进一步扩大企业的自主权,推动审批各环节信息的全流程联网共享,推进投资审批提速增效;在全省范围内试行市场准入负面清单制度,加快构建"市场开放公平、规范有序,企业自主决策、平等竞争,政府权责清晰、监管有力"的市场准入管理新体制。

(3)在职业资格改革中,进一步提出要加强职业资格清理整顿的后续监督。

(4)在商事登记制度改革中,要继续推进"一照一码"登记制度改革,同时在实施企业"三证合一"的基础上,逐步实现"五证合一、一照一码",降低企业准入的制度成本,推进实现只需填写"一张表",向"一个窗口"提交"一套材料"办理登记;推进实现全程电子化登记;创新放宽准入便捷退出的举措,试点实施简易注销登记,提供一个便捷有序的市场环境。

(5)收费清理改革继续开展,全面清理和整合规范各类中介服务,严格执行收费目录清单并督促各部门将清单对外公开;开展收费情况专项检查,完善监督检查制度,推动实施涉企收费第三方评估。

(6)教科文卫体领域方面的改革继续深化,扩大高校和科研院所的自主权,落实相关权限的下放,推进科技领域的简政放权,赋予科技人员更大的自主权,包括技术路线决策权、经费支配权、资源调动权;改革和创新科研经费的使用管理方式;完善保障和激励创新分配机制,加大科研人员股权激励力度,推动高校教学科研人员的积极性和创造性;深化文体领域改革,建立健全文化市场综合执法运行机制,深入推进现代公共文化服务体系建设;深化医药卫生体制改革,强化基层医疗服务能力建设,加强医疗卫生机构的准入和运行监管,完善公共医疗卫生服务体系。

2016年的"放管服"改革要点相比于2015年的工作方案,增加了事中事后监管、简化优化政务服务和建立健全工作机制三大任务。

(1)加强事中事后监管的具体举措有:全面推进"双随机、一公开"监管,并与信用监管、智能监管联动,充分发挥国家企业信用信息公示系统(福建)和福建省信用信息共享平台的作用,加大对失信行为的曝光力度,积极运用大数据、云计算、物联网等信息技术建立健全市场主体诚信档案、行业黑名单制度和市场退出机制;遵循权责一致原则,强化基层监管力量,建立健全执法协作机制,降低执法成本,同时鼓励公众参与市场监管,充分发挥社会力量在市场监管中的作用;根据不同情况探索创新不同的监管方式,适应新技术、新产业、新业态和新模式的发展,审慎有效监管;促进各类市场主体公平竞争,加快建设统一开放、竞争有序的市场体系,完善知识产权保护措施,营造公平竞争的市场环境。

（2）简化优化政务服务的具体举措包括：加大政务公开力度，做到权力公开透明、群众明白办事；全面公布各类清单，坚持"公开为常态，不公开为例外"，全面推进重点领域的信息公开；提高"双创"服务效率，为企业"点对点"提供政策、信息、法律、人才、场地等全方位服务，同时建立新生市场主体的统计调查和监测分析制度；提高政务服务效率，大力推行"互联网＋行政审批"服务模式，制定政府部门数据共享实施方案，加快推进"多规合一"、"多证合一"和并联审批，加大"三集中"改革力度；继续深化"办事难、办证难"专项整治，落实"马上就办"。

（3）建立健全工作机制的具体任务为：建立健全协调工作机制，以本部门主要领导为第一责任人，加强组织领导；加强统筹协调，强化内部协调、上下左右协同，建立协调机制，提高简政放权的有效性；在大力推动改革的同时，要注重对各地改革的监督指导，及时解决重点难点问题，推动政府职能转变；按照"服务大局、突出重点"要求，加强对"放管服"改革的宣传力度，积极回应社会反响，凝聚改革共识，营造改革的良好舆论氛围。[①]

据福建省人民政府 2017 年政府工作报告，2016 年福建省力推"放管服"改革，省、市、县、乡四级权责清单全覆盖，全年共计取消省级行政审批事项 288 项、下放 46 项，90％以上的事项实现网上办理；优化 2000多项涉企社民证照和有关事项，"五证合一"、全省推进投资项目并联审批。推进医药卫生体制改革，继续深化医改，整合医保管理职责，医疗费用增速和药占比分别下降 3.05 个百分点和 4.94 个百分点；不动产统

---

① 福建省人民政府.2016 年福建省推进简政放权放管结合优化服务工作要点［EB/OL］.(2016-06-14)［2022-05-29］.http://mzzjt.fujian.gov.cn/xxgk/xzqlyx/201608/t20160826_3361351.htm

一登记全面实施;事业单位分类改革、国企国资改革、国有林场改革、机关事业单位养老保险改革、教育综合改革等扎实推进。重点领域的改革取得一定突破,年度各项改革任务如期完成。

在福建省人民政府印发的《2017年福建省推进简证放权放管结合优化服务工作要点》中,增加了对特殊区域行政审批改革的要求,加大自贸试验区改革创新的力度,包括在商事登记、投资审批、事中事后监管和联合审批、综合执法等方面,完善"一口受理、一表申报、并联审批、统发证照"等机制,为全省提供可复制、可推广的改革经验;探索开展"证照分离"改革,开展相对集中行政许可权改革试点,推动省级管理权限下放至特殊区域,推进在行政审批、投资审批等方面的改革创新,形成更具吸引力的便利化营商环境。

2017年工作要点的创新改革还体现在简化优化政务服务方面,推行"一趟不用跑""最多跑一趟"的办事清单,以增强群众和企业获得感为衡量标准,全面公布"一趟不用跑""最多跑一趟"办事清单,成熟一批、公布一批,进一步推进简政放权、优化政务服务;全面推进政府的决策、执行、管理、服务、结果"五公开",围绕人民群众的切身利益,加大政务公开力度。

在改革成效评估和督查落实方面,2017年工作要点指出各级各部门的改革推进情况和成效要及时公布公开,包括具体措施和改革成效,重点为精简审批、优化服务的情况;进一步健全督查督导机制,推行年度绩效考评,将推动职能转变情况纳入考评,对督查情况及时通报;加大"放管服"改革宣传力度,规范"12345"便民服务平台管理,健全社会监督改革机制,利用网上办事大厅及各级行政服务中心,开展"群众满意度"调查活动,深入调研,以群众和企业"满意不满意""高兴不高兴"

"受益不受益"作为检验简政放权成效的根本标准,激发社会活力。①

2017年福建省人民政府通过了废止涉及"放管服"改革的11部规章,响应简政放权、放管结合、优化服务改革,包括《福建省矿产资源补偿费征收管理实施办法》《福建省计算机信息系统安全管理办法》《福建省风景名胜区管理规定》《福建省预算外资金管理办法》《福建省农药管理办法》《福建省城市居民最低生活保障实施办法》《福建省"福建土楼"文化遗产保护管理办法》《福建省地震安全性评价管理办法》《福建省食品生产加工小作坊监督管理办法》《福建省信息系统工程建设市场监督管理办法》《平潭综合实验区商事登记管理办法》②,将"放管服"改革落到实处。据福建省人民政府2018年政府工作报告,2017年福建全省深化"放管服"改革,简化优化政府服务,梳理公布"一趟不用跑""最多跑一趟"办事清单2725项;简政放权,省级行政许可事项精简50%以上,非行政许可审批全部取消;省、市、县、乡四级权责清单实现全覆盖,全程实现网上办理的事项高达90%以上;"多证合一""证照分离"等商事制度改革持续深化,"双随机、一公开"监管实现全面推行;不动产登记制度全面实施,各项改革稳步推进。坚持转变政府职能,创新监管方式,建设人民满意的服务型政府。

2018年,李克强在全国深化"放管服"改革转变政府职能电视电话会议上的讲话中深入总结了全国深化简政放权、放管结合、优化服务改革的成效,并部署了"放管服"改革的重点工作,推动改革向纵深发展,

---

① 福建省人民政府.2017年福建省推进简政放权放管结合优化服务工作要点[EB/OL].(2017-04-25)[2022-05-30].http://jtyst.fujian.gov.cn/ztzl/fgf/201708/t20170824_439471.htm.

② 福建省人民政府关于废止部分涉及"放管服"改革规章的决定[EB/OL].(2017-12-01)[2022-06-03].http://www.fujian.gov.cn/zwgk/zxwj/szfwj/201712/t20171215_1135937.htm.

为经济社会发展作出新贡献。为落实会议精神,2018 年,福建省人民政府发布《福建省人民政府办公厅关于印发全省深化"放管服"改革转变政府职能重点任务分工方案的通知》,以确保全省改革落到实处。

2021 年,为了贯彻落实党中央、国务院的决策部署,全方位推动高质量发展,加快转变政府职能,推进政府治理体系和治理能力现代化,福建省政府发布了《福建省人民政府办公厅关于福建省服务"六稳""六保"进一步做好"放管服"改革有关工作实施方案的通知》。据福建省人民政府 2022 年政府工作报告,2021 年福建省"放管服"改革持续深化,全省始终牢记"人民"二字,"12345"政务服务便民热线全面归并优化,全年共受理群众诉求 712.99 万件,及时查阅率 99.99％,按时办结率 99.99％,办理满意率 99.93％;共有 32 条政务服务便民热线并入 12345 热线,全年共受理群众诉求 936.07 万件,两者合计 1649.06 万件;政务服务事项全程网办比例高达 80.4％,"一趟不用跑"比例达 90.3％,一体化政务服务能力在全国位居第 6 位;医改经验进一步推广,公里亿元综合改革绩效连续 6 年位居全国前列。福建省各地在加强机关效能建设方面都各有成就:福州市提供"无偿代办""加急办""简易办"等帮扶特办服务,优化流程再造,提高企业开办"加速度";泉州市推行"局长走流程",推动审批服务"简办、快办、优办",全链条模拟体验高频事项办事流程;厦门市实施国际航行船舶进口岸全程无纸化办理,贸易通关更加便捷高效。

(二)深入推进行政审批制度改革

行政体制改革是中国改革发展事业中的重要组成部分,自提出建立社会主义市场经济之后,计划体制的政府亟须转变职能,行政审批的改革也势在必行。行政体制的改革一般被认为开始于 2001 年,政府职能的转变同时也加速了行政审批制度的改革。

1.福建自贸区建设对行政审批制度的推进①

2014 年 12 月 12 日,国务院正式批准广东、天津、福建自由贸易试验区的设立;2015 年 3 月 24 日,中共中央政治局会议审议通过了《中国(福建)自由贸易试验区总体方案》,4 月 21 日,涵盖平潭片区、厦门片区、福州片区的中国(福建)自由贸易试验区正式挂牌成立。福建自贸区的成立是全面深化改革采取的重大举措,其主要任务是围绕立足两岸、服务全国、面向世界的战略,充分发挥改革先行和对外开放前沿的优势,率先推进与台湾地区投资贸易自由化进程,成为改革创新试验田、示范区,福建深化改革开放的新高地。福建自贸区成立时面临的首要任务就是制度创新,其主要任务包括切实转变政府职能、深化行政管理体制改革、推进投资管理体制改革,对福建深化行政审批制度改革产生了很大的影响。

一是推进政府放宽管制,降低行政成本。自由贸易试验区的发展目标之一是加快形成更高水平的对外开放格局,这就意味着要实现贸易自由化,而政府在经济领域各方面的行政审批形成了贸易自由化的天然"屏障",政府过多的干预必然会阻碍市场竞争的释放。因此政府必须进行行政审批制度改革,减少"不该管的"项目前置审批,将能够下放的经济社会管理权限下放给自贸试验区,这也是自贸区的负面清单管理模式所要求的。实行负面清单的管理模式,减少和取消外资准入限制,提高开放度和透明度,必然会加速权力清单的推进,使得各级政府明确自身的权力清单,进而建立起权力清单制度,减少政府过多干预市场的行为。

---

① 黄东贤.福建省"服务型政府"的构建思路初探——基于福建自由贸易试验区建设契机[J].广西职业技术学院学报,2016,2.

二是促进行政审批规范化和标准化。要加快行政审批制度改革,建立健全行政审批目录制度,建立"一口受理"服务模式;除此之外,还要提高行政透明度,建立信息公开机制;完善知识产权管理和执法体制以及其他服务机制。行政审批的规范化和标准化为贸易的自由化提供了保障。

2.福建省"放管服"改革的具体探索——南平邵武市创新"企呼政应"机制

南平邵武市严格贯彻落实"放管服"改革工作的部署,优化行政审批服务效率,创新推出"企业有所呼、政府有所应"机制,改善项目落地过程中的审批手续烦琐、申报材料繁杂、审批时间长等问题,优化了服务水平。邵武市以快捷优质的审批为抓手,推行"交地即发证、即开工"改革,以推动项目落地"早开工、早投产"为目标,极大地减轻了企业的压力,激发了企业的建设活力,帮助项目建设提速提质提效。其主要做法如下:

一是并联审批提效率。对于需要前置审批的单个审批事项,相关的行政审批部门同步进行审核;对于具有紧密关联的多个审批事项,则合并到同一个,以耗时最长的事项审批为节点,强化服务前移、协同并进,同步交叉进行,限时审批办结。项目建设审批系统四个阶段的审批事项实行并行审批、联合审批。

二是项目代办强服务。落实代办"三提前":项目前期阶段提前到策划阶段,评审、联审、联合勘验提前到招商阶段,项目中介等提前到考察阶段。强化政府部门"靠前服务、提前服务"的意识,每个阶段都要把工作落实在前期、把问题解决在萌芽状态。完善代办会商制度,及时解决企业建设中存在的一些问题;对市级重点项目全程代办;加强事后服务,为项目落地投产做好"最后一公里"服务,提供高效的政务服务。

三是部门协作共发力。有关部门在招商阶段要提前做好项目策划、联审评审、联合勘验;环评、安评等中介机构在考察阶段提前介入,做好环境影响评价和安全影响评价。在供地前期,有关部门要引导提前做好各种基础工作,先行申请办理工程规划许可及建筑工程施工许可手续。最后在正式交地、项目开工时,同步核发《不动产权证》《建设用地规划许可证》《工程规划许可证》《建筑工程施工许可证》等,确保交地交证、工程开工同步进行,尽量压缩企业建设的时限。

通过以上三个做法对审批流程进行"瘦身",破解了企业落地审批时间长的难题,助力企业早开工。2021 年 9 月 14 日,邵武市第一个运用"交地即发证、即开工"创新做法的项目——邵武绿闽环保科技有限公司,在邵武金塘工业园区开工建设。邵武市运用这一创新做法,将部门协作、服务前移,及时跟进企业的审批进展,使该项目从挂牌到项目开工,用时不到 2 个月。绿闽项目"交地即发证、即开工"的实现,为项目高效便利审批服务奠定了基础。邵武市项目审批制度改革的手段和成果,进一步全面完善了"企呼政应"机制,真正实现了"交地""发证""开工"的无缝对接。

二、电子政务建设

电子政务是互联网技术发展的产物,已经成为许多国家和地区信息化建设的重点领域。电子政务以其信息化的手段,能够更加有效地提高政府的行政效能和决策水平,党和政府高度重视电子政务建设。我国的电子政务发展,最早是 1972 年周恩来总理提出的"积极推广电子计算机应用",经过 50 年来的发展,电子政务在全国范围内普通展开,成为提高政府执政能力的重要工具。党的十五届五中全会决定将电子政务建设作为今后一个时期我国信息化工作的重点,自此我国电子政务建设开始进入全面推进阶段;党的十九届四中全会提出"推进数字政府建设",标志着我国电子政务发展进入新阶段。当前,在科技革命和产业变革加速发展的环境下,信息化在国家治理、推动经济社会发展以及满足人民日益增长的美好生活需要方面发挥着越来越重要的作用。

(一)数字福建的发展

2000 年,习近平同志着眼于抢占信息化战略制高点,部署和推动"数字福建"作为福建省经济社会信息化重大战略工程,增创福建发展新优势。由习近平担任"数字福建"建设领导小组的组长,主持通过"数字福建""131 计划"[①],开创了数字省域建设先河,福建省也成为我国最早利用信息技术进行政务服务的省份。"数字福建"是数字化、网络化、可视化和智能化的信息集成及应用系统,以福建省作为对象,将全省的信息通过数字化和计算机处理,快速、完整、便捷地提供各种信息服务。[②] "数字福建"规划以电子政务为核心要点,借此打造政务综合信息服务体系、政务信息化应用体系、政务信息资源共享体系。[③] 习近平同志在福建明确提出,"数字福建"要贴近社会、生活和群众,为人民群众提供高水平、高质量的信息服务,"数字福建"的建设成果要让人民群众共享。在福建省服务型政府的深入推进下,"数字福建"建设也取得了显著成效,省委明确将"数字福建"的建设作为基础性和先导性的工程全方位推进高质量发展。

---

① 131 计划是指:1 个规划——数字福建"十五"建设规划;3 大工程——空间信息工程研究中心、政务信息网络工程、公用信息平台;1 项政策——信息共享政策。

② 戴圣良.数字福建:"互联网＋政务服务"背景下政府网站发展提升建议[J].三明学院学报,2020,37(06):96-100.

③ 陈荣辉,马亨冰,陈伟日,等.福建省电子政务学科发展报告[J].海峡科学,2014,(1):130-138.

1.数字福建的发展现状

信息基础设施加速夯实,光网和 4G 全面覆盖城乡,县级以上区域（含重点乡镇）实现 5G 覆盖;海峡两岸直通光缆和福州国家级互联网骨干直联点开通,NB-IoT 基站建成 3.6 万个,全省物联网连接数突破 3500 万户。智慧化改造的深入实施涉及教育、卫生、社保、交通等领域,云计算基础设施建设进行统筹部署。

数字经济蓬勃发展,数字开放合作纵深发展。福建省数字经济增加值达 2.3 万亿元,规模水平位居全国前列,7 家互联网企业入选全国行业百强,通过国家"两化"融合管理体系贯标评定企业数量居全国第二位;建成中国（福建）国际贸易单一窗口 4.0,服务企业 6 万多家,福州、厦门等六地市成功获批国家跨境电子商务综合试验区;特色功能和先行项目"出口信保""两证合一"等先后推广到全国,为数字中国建设贡献了大量福建经验。

政务数据资源能够广泛共享应用,数字政务服务更加便捷。省政务数据汇聚共享平台汇集了 73 个省级单位的政务数据,日均交换记录数高达 2500 多万条,形成了"统一汇聚、按需共享"的新模式,平台累计发布了 250 多个常用数据服务接口和 50 多个部门制定接口,日均查询超过 80 万次。建成全省政务服务"一张网",全省一体化掌上服务平台"闽政通"App 基本实现高频便民事项"马上办、掌上办",全省常住人口超过 80% 都进行了用户实名注册,位居省级政务 App 第一梯队。建成首个"数字 e 两岸"信息服务平台。"一趟不用跑""最多跑一趟"事项占比超过 90%,平均申报材料和耗时都大大缩短,很高程度上提高了行政效率。

数字惠民服务能力提升,建成五级公共数字图书馆网络服务体系、省级教育资源公共服务平台和省级数字文旅综合服务平台,教育资源共享及文化旅游数字服务不断提升;海丝文献资料和数字资源普查工作扎实推进,"中国·福建文化海外驿站"落户马来西亚。

疫情防控期间助力经济社会秩序恢复。率先上线全国首个省级健康码,实现全省"一码通行",精准防控体系逐步构建。复工复产与经济运行大数据监测分析、金融科技服务、就业大数据分析等数字技术应用精准助力企业复工复产。

2.构建高效的数字政府,助力政府治理能力

一是优化在线政务服务平台。优化升级政务信息网、政务外网、无线政务专网、政务内网,整合成为全省上下贯通、横向到边的政务外网和政务内网"两张网",实现"一网承载、一网通达、一体管理、一体安全",构建政务网络统筹应用新模式。扩容提升数字福建电子政务外网网络性能和网络带宽,全省产业园区骨干网络完成直连,提升数字福建政务网络快速通达能力。实施一体化在线政务服务平台优化提升工程,构建"一个门户、一个平台、一组标准、一套规则、一库共享、一网通办"的一体化在线政务服务平台新体系。

二是持续增强政务云服务能力。推进"数字福建"云计算中心的集约化、规模化、绿色化升级改造和信创云建设。推进计算、存储等资源扩容,加强省级政务云 PaaS 平台服务能力,提供"按需分配、弹性伸缩"的基础软硬件云服务,进一步提高资源利用率。深化省市两级政务云平台统建共享、互联互通,构建"数字福建"政务云计算体系,推动全省政务云资源统一管理、灵活管控。集成调度数据开发利用、数据灾难备份等公共算力资源,实现云边协同服务,形成定制化、自适应、高可靠的数字政府智能服务支撑能力。

三是提升公共平台支撑能力。推进统一身份认证平台、省电子证照共享平台、电子印章服务平台的支撑应用,深入拓展自然人、法人、电子证照的认证服务。深化"政务服务总线"应用,建成统一业务协同平

台,实现跨系统、跨层级信息共享和流程协同。完善省级政府网站统一技术平台,推进集约共享、个性化服务和大数据应用。优化统一物流快递平台,对接 12345 便民服务平台,推进建立统一客服体系,推动服务事项实现"一趟不用跑"。

四是强化公共平台服务能力。升级拓展省网上办事大厅功能,全面推进政务服务"马上就办"网上办。提升一体化在线政务服务能力,建设统一政务服务 App 开放式应用平台,拓展政务小程序生态。加强个人和企业电子证照汇聚,通过各类授权拓展亮证、用证应用场景,实现办事、出行"一码通行"。规范电子文件归档和电子档案管理,推动数字档案室建设。建设全省一体化协同办公平台,为各部门提供协同办公应用的统一服务入口、统一办公门户、统一档案管理和电脑端、移动端协同办公服务。推进政务服务标准化便利化。全面梳理政务服务事项,实施行政审批服务事项"五级十五同"目录清单管理,提升政务服务标准化、规范化水平。建立行政审批服务事项清单动态管理机制和统一服务事项数据库,实施"链上政务"工程,推进服务事项的权限管理和有序管理。深化全省政务服务"好差评"系统应用,构建政务服务全流程闭环管理机制,增强用户场景式体验感和友好度。

五是创新"互联网＋监管"服务。强化事前预警防控,利用大数据加强对市场行为的风险监测分析,科学确定监管重点和方式。强化事中常态监督,依托"双随机、一公开"监管系统开展随机抽查、专项督查。强化事后规范执法,依托"互联网＋监管"系统实现行政执法启动、调查取证、审核决定、送达执行等全过程留痕和可追溯管理。

六是打造"24 小时政务自助服务"。推广"全程网办"服务,推进办事资料"一次生成、多方复用,一库管理、互认共享",围绕医、学、住、行、生、老、病、养等领域,推动与群众和企业密切相关的政务办理"应上尽上、上必能办、办就办好、一趟不跑"。深化"一网好办"应用,推进"综合窗口"改革,推进政务服务大厅智能化升级改造,提高老年人、残障人员等弱势群体办事的友好度和便捷性,便利老年人利用"互联网＋政务服务"办事。推进"不打烊"政务服务,整合各地各部门政务服务移动端,拓展多终端服务,实现政务服务自助终端在企业聚集区和群众密集区全覆盖。

七是推进跨域通办服务。全面整合线上线下政务服务,开发建设省"异地通办"审批系统、省"e政务"自助机通办平台,打破办事地点限制,推动一批重点领域政务服务高频事项就近办、异地办、随时办。梳理与企业发展、群众生活密切相关的异地办事高频服务事项,对接国家一体化政务服务平台,实现跨省办事一键直达。推进涉台业务一站式办事服务,完善涉台相关行政许可和公共服务专题事项清单,开创跨域通办新服务。

八是创新政务服务智能化应用。实施"网上办理智能审批工程",推动语音识别、自然语言理解、机器人等人工智能技术应用,提供智能搜索、秒办秒批、刷脸审批等智能化服务,快速满足业务场景需要。提升"福建码"功能,推广"码上服务",创新政务服务供给模式,提供智能化、精准化和个性化政务服务。加强工程建设项目审批管理智能化应用,推动全程网办,实现工程建设项目审批管理全程智控。

九是迭代优化"一件事"套餐服务。围绕企业和群众关注的高频事项,加强数据共享,再造政务服务流程,推动场景化多业务协同,推广"一件事"集成套餐服务,形成"一件事一次办",实现更深层次、更高水平的"减环节、减时间、减材料、减跑动"。深度整合关、港、贸、税、金全链条信息,形成全流程数据透明的国际贸易单一窗口服务。①

---

① 福建省人民政府.福建省"十四五"数字福建专项规划[EB/OL].(2021-11-30)[2022-06-09].http://www.fujian.gov.cn/zwgk/ghjh/ghxx/zc/202111/t20211130_5783593.htm.

（二）福建省电子政务建设的具体探索

1.龙岩漳平市推进"四清快办"

近年来，乡镇人员配备不充分、一人多岗、便民服务中心事项进驻不完全、审批服务不规范、日常监管漏洞多等问题普遍存在，严重制约了乡镇综合便民服务中心作为联系群众"最后一百米"平台作用的发挥。为解决上述问题，2021年龙岩漳平市围绕进一步加强基层行政服务中心规范化管理目标，聚焦企业群众需求，通过全面整合乡镇各所站职能职责，以"网络化审批＋标准化服务＋数字化监管"为改革发力点，在乡镇综合便民服务中心全覆盖推行"四清快办"服务模式，纾解政务服务"最后一百米"困境。其主要做法如下：

一是事项进驻"一门清"，做好"便民"新文章。各乡镇开展"一窗受理、集成服务"改革，配齐1名副科级干部任便民服务中心主任，选派2名以上综合窗口专职人员，全科式受理企业群众的服务需求。建立事项梳理和动态调整机制，统一编制乡镇政务服务事项目录清单、实施清单和办事指南，计生、市场监管所、社保、医保、民政等11个部门2193个与企业群众生产生活密切相关的审批服务事项在省网平台和乡镇实体大厅实现"双进驻"。同时，推动水、电、气等公共服务事项纳入乡镇综合便民服务中心办理，真正实现群众和企业到乡镇办事"只进一扇门"。6月，漳平市积极推进乡镇市场监督管理所、供电所业务全面进驻乡镇综合便民服务中心实体大厅办理，将原先各乡镇市场监督管理所、供电所办理的个体工商户注册登记、食品经营许可证核发、电表申请等40多项审批便民服务事项全面进驻辖区综合便民服务中心统一受理，变"进多家门"为"进一家门"，切实方便群众办事。

二是办事指南"一码清"，做实"规范"新文章。编制标准化办事指南,精准细化审批服务事项要素配置,以可视化为突破口,推出电子"二维码"办事指南,由传统简易的材料清单升级为精准智能的办事导航。办事群众和企业只需通过手机扫描二维码,即可知晓办理事项的设立依据、申请材料、办理流程、受理时限等信息,避免办事"往返跑"。

三是咨询答疑"一口清",做优"高效"新文章。漳平市 16 个乡镇综合便民服务中心全面开展集成服务改革,共设置综合窗口 32 个,首批 32 名"金牌"集成服务专职人员全面上岗为乡镇企业和群众提供"无差别""全科式""妈妈式"服务。为提升队伍素质,压实窗口责任,建立业务学习和培训常态化机制,通过业务学习、交叉培训、业务集训、业务竞赛、实操演练和技能比武,快速提升窗口工作人员的业务能力和服务水平。同时,在窗口创新性开展"咨询服务一口清、发放资料一手清、告知解答一次清"服务,以"集成"和"全方位"为突破口,每个窗口做到业务"一口清"、咨询"问不倒"、服务"无差别",为群众提供标准统一、路径统一、要求统一的规范化审批服务。

四是审批服务"一趟清",做细"满意"新文章。通过抓住要害、点准穴位、打准靶子推进集成、高效服务。(1)抓住要害实行"一枚印章管审批"。漳平市加强各部门对窗口授权力度,统一刻制和使用"综合便民服务中心审核审批专用章",16 个镇街全部实现"一枚印章管到底"。(2)点准穴位进行"加减乘除促提升"。持续深化"五减五提升",再造审批流程,缩短审批时限、精减申报材料。漳平市 16 个镇街道共计减少"一趟清"事项 117 项、"不见面"事项 2076 项,减少申请材料 1076 份,减少审批环节 1355 个,与法定时间相比节省时间由 74.03% 提升至 89.51%,平均每个事项节省 3.8 天,切实畅通服务群众"最后一百米"。(3)打准靶子推行"办事不出镇街"。全力推进自助办、就近办、一次办、帮代办,打造 15 分钟便民服务圈。漳平市安排部署 18 台"e 龙岩"自助服务一体机,为企业群众提供不动产证明查询等49项自助服务。为更好地兑现"办事不出乡镇"的服务承诺,溪南镇东湖村成立"跑腿社",推行"网格＋帮办代办","连心电话"时时在线"接单",代办员2分钟速达,高效为民解难题,代办员还定期上门回访,到点到位、高质高效的服务让村民省心省力。据统计,2021年1月至9月,各乡镇代办员累计为群众办理各类事项15400件。

漳平市以试点先行、典型引路、以点带面、全面覆盖的工作思路为指导,由永福镇、溪南镇先行先试到全市所有乡镇全面推广复制,乡镇综合便民服务中心规范化管理基础明显扎实,利民惠企的"蝴蝶效应"逐步呈现。"四清快办"推行以来,漳平市乡镇综合便民服务中心平均缩短时间93.58%、跑动次数0.03次、材料数3.08个,即办事项占比75.05%、"一趟不用跑"事项占比97.01%,共收到企业群众的评价6540条,好评率100%。

2.龙岩市推行"四零"服务,助力"一网好办"

在深化"放管服"改革背景下,如何推动政府管理创新与互联网、大数据、云计算、人工智能等信息技术深度融合,推进审批服务扁平化、便捷化、智能化,让"数据跑路"代替"群众跑腿",成为当前审批服务迫切需要解决的问题。龙岩市围绕"一网通办""一网好办"目标,积极探索审批数字化改革,推行"四零"服务,创新"场景式""不见面""无纸化""掌上办"办事模式,助力群众办事"一趟不用跑"。

(1)围绕"受理零人工",推行"一点即知"

一是梳理事项,细化办事场景。龙岩市着力解决系统无法对网办材料进行智能判断的问题,对高频事项进行全面梳理,根据事项办理流程分支逐一分解,形成事项网上申报中的各个场景。截至目前,"e龙岩"共上线运行提取公积金、公共场所卫生许可变更、水表产权过户等

233 个热点事项场景式服务,清晰地引导企业群众实现网上办事。

二是分步填报,提升网办体验。在"e 龙岩"手机端,开发场景式表单填报页面,基于事项申报业务逻辑引导申请人通过选择的方式,完成申报信息填写、申报材料上传等步骤,将传统的"一股脑"式表格填写流程转为分步骤、引导式表单填写,提升网上申报体验。

三是数据共享,精简申报材料。场景式服务依托已有数据汇聚平台、电子证照库等政务数据资源,通过数据查询核验、电子证照核验等技术手段,实现减少申报材料、表单自动回填等功能。如,"公共场所卫生许可证注销"事项,通过系统自动查验、比对申请人的营业执照、公共场所卫生许可证电子证照照面数据,申请人无须上传营业执照等申报材料,只需在线填写申报表单即可。截至 2021 年 11 月,通过数据共享利用,共减少纸质材料 39.43 万份。

(2)围绕"办事零跑腿",推行"一端申办"

一是推广手机端全程网办。在"e 龙岩"手机端开通全流程网上办事服务,通过广告画板、微信、政务微视频等渠道,对手机端全流程网办事项进行广泛宣传,吸引办事群众、企业参与手机端全流程网办,推动从"线下窗口"到"掌上政府"的转变。2021 年 1—9 月,"e 龙岩"手机端全程网办事项共有 628 项,受理手机端办件达 14.25 万件。

二是简化手机端操作流程。为适应手机端简便操作,着力从减少字段输入和材料提交入手,侧重完善软件高频重复字段自动回填功能;争取上级部门支持,按照"应简即简"的原则,精简申报材料,凡是本部门颁发的证照和批文、可以使用电子证照库查询到的证照,不再要求办事群众从手机端提交原件或复印件,凡是经过数字签名的电子申请材料不再要求提供纸质材料,简化手机端网办操作步骤,提升手机端网办体验。

三是提升手机端网办功能。在"e 龙岩"手机端新增了"电子证照查询、打印、亮证""秒批秒办""一趟不用跑""惠企政策查询与推送""在线支付"等办事专区,吸引方便群众办事。推进市本级住建、交通、不动产登记部门业务系统与行政审批直接对接,93个事项手机端实现秒批秒办。

(3)围绕"申报零证件",推行"一库调用"

一是搭建全市数据汇聚平台和电子证照库。通过电子证照系统与行政审批系统之间的信息交换和证照资源共享,建设电子证照应用支撑体系,要求全市各级进驻窗口100%同步生成电子证照,严把数据质量关,确保电子证照照面信息与业务信息一致,实现电子证照在线生成以及在线共享、复用等功能。龙岩作为全省首批四个国家电子证照应用试点之一,完成21类国家电子证照国家标准改造,累计登记284个部门4364类证照,生成2424类677万条证照数据。政务数据汇聚平台上线以来,已汇聚388个部门8.03亿条数据,提供9.8亿条次数据共享服务。

二是提高证照调取便利度。建立电子证照错证缺证登记机制,进一步提升已生成电子证照数据质量;梳理政务事项与电子证照之间的材料对应关系,保证行政审批系统调用电子证照的流畅性。截至2021年11月,龙岩市同步生成电子证照34.95万本,行政审批服务过程中完成电子证照调用13.51万次。

三是推进电子证照应用。大力推行电子证照作为法定办事依据,确保电子证照在行政审批服务中得到应用,达到"数据多跑路,群众少跑腿"的目的。如,龙岩市住房公积金窗口充分利用电子证照库,共享结婚证、购房登记备案、房产证等电子证照信息,推动"住房公积金新增人员、调整月缴存工资基数"等30个事项,均可通过网上申请、受理,群众仅需身份证就可办好业务。

(4)围绕"归档零纸质",推行"一键归档"

一是开发系统,完善功能建设。利用现代网络技术、海量数据存储、CA 加密技术、数字水印技术及全文智能检索等技术,按照行政审批和公文类电子文件整理归档的业务标准和技术规范,推行行政审批和公文类电子文件实时在线归档,同步入库市电子档案库,实现市、县、乡三级档案电子化全覆盖及政务服务网各类电子文件应归尽归、安全保管、有效利用的目标。

二是制定办法,强化制度保障。出台《龙岩市行政审批电子文件管理暂行办法》《龙岩市行政审批电子文件归档及电子档案管理操作规范(暂行)》,对行政审批电子文件归档原则、组织管理、技术标准等作出规定,明确各有关单位所有的行政审批服务办件应做好电子材料同步归档工作,确保电子档案在办件办结 1 个月内同步完成。

第三,加强管理,确保电子归档。运用多种途径,有效提升行政审批服务办件电子档案生成率,指导全市各进驻窗口梳理归档内容,使用目录挂接方式批量生成电子档案,减少工作负担。截至 2021 年 11 月,全市已完成 80.58 万件行政审批服务办件的电子化归档,解决传统纸质档案管理在空间、人力以及档案查找阅读上的难题,并以审批档案电子化倒逼政务事项在线办理,为实现网上办事"一趟不用跑"提供强有力的支撑。

三、全面推进政务公开

政府作为收集、整理、加工、应用及扩散与公众相关的政治、文化、经济等各方面信息的重要管理枢纽,有责任、有义务向社会公开有关的政务信息,从而使广大人民群众行使监督权利。习近平总书记强调,政务公开是建设法治政府的一项重要制度,要以制度安排把政务公开贯穿于政务运行的全过程,权力运行到哪里,公开和监督就延伸到哪里,以公开促落实、促规范、促服务;要推进法治政府建设,坚持用制度管权管事管人,完善政务公开制度,做到有权必有责、用权受监督、违法要追究。这为我们推进政府系统政务公开工作指明了工作方向,提供了根本遵循。

（一）福建省政务公开的推进

福建省人民政府全面贯彻落实党的十九大和十九届历次全会精神,坚持以人民为中心深化政务公开,以公开促落实、促规范、促服务。2001 年,福建省的政务公开工作在巩固乡镇政务公开的基础上,全面推进至县级,省效能办逐个县(市、区)对政务公开工作进行拉网式检查,促进工作落实。随着电子政务的推进,2008 年开始,我省全面推进政府信息公开,各级行政机关依托政府门户网站,建立政府信息公开专栏 4896 个,实现了省、市、县三级链接,切实保障了群众的知情权、参与权、表达权和监督权。政府和人民群众之间的沟通匮乏会给群众办事带来困难,也会给经济和文化事业的建设造成一定的阻碍。福建的"政府上网工程"实施之后,政府文件发布、应急管理通知等等相关信息都发布在网上,企业和群众都可以查询相关的办事程序信息、状态及办事结果。2013 年 10 月,《国务院办公厅关于进一步加强政府信息公开回应社会关切提升政府公信力的意见》发布,移动政务建设成为新趋势。我省各地各部门开始利用政务微博、微信等新媒体及时发布各类权威政务信息。由于新媒体具备强互动性,近年来民众参政积极性得到极大提高,进一步完善了媒体的社会监督功能。

福建是全国首个推行绩效管理标准化的省份。2004 年,福建省《关于开展政府及其部门绩效评估工作的意见》(闽委办〔2004〕52 号)一经发布,便引起全国的广泛关注。从 2005 年开始,绩效评估工作在省政府组成部门和设区市政府全面推行,运用指标考核、公众评议、察访核验相结合的方法,科学评价政府及其部门的工作绩效,其中指标考核包含了经济建设、生态文明、民生改善、依法治省四个方面,这一做法有力地推动了省委、省政府部署的各项工作任务的落实和完成,得到了中央的充分肯定。2007 年,福建提出把绩效评估上升为绩效管理,建立以绩效目标、绩效责任、绩效运行、绩效考评、绩效提升为基本框架的政府绩效管理制度,并在全省县级以上政府全面推行。2014 年,福建省地方标准 DB 35/T 1410-2014《政府绩效管理规范》发布,并于 2014 年 6月 5日起实施,这标志着福建成为全国第一个推行绩效管理标准化的省份。福建省形成了省、市、县三级绩效考评机制,省级绩效考评对象包括各设区市党委、政府以及 67 个省直党群机构、政府工作部门,实现了对省级党政机构的全覆盖,构建了具有福建特色的政府绩效管理模式。

在 2020 年《福建省人民政府办公厅关于全面推进基层政务公开标准化规范化工作的通知》中提出,要全面推进全省基层政务公开标准化规范化,更好地服务于统筹推进疫情防控和经济社会发展,扎实做好"六稳"工作、全面落实"六保"任务,推动全方位高质量发展落实赶超,推进新时代新福建治理现代化。并提出了全面推进政务公开的几项重要措施:

一是立好标准,让公开工作更加规范。出台基层政务公开标准目录落实意见,编制基层政务公开事项标准目录,落实基层政务公开事项标准目录编制要求。

二是建好平台,让公开渠道更加畅通。要发挥政府门户网站"主阵地"作用,把政府网站作为政务公开第一平台,开设专题专栏,集中发布本级政府及部门、乡镇(街道)应当主动公开的政府信息,开设统一的互动交流入口和在线办事入口,增强信息公开的准确性、权威性;加强政府系统政务新媒体建设,建设更加权威的信息发布和解读回应平台、更加便捷的政民互动和办事服务平台,加快推进政府网站和政务新媒体数据融通;加强线下阵地建设。

三是完善机制,让政务公开更加高效。健全政府信息管理动态调整机制;规范政府信息公开申请办理工作;完善基层行政决策公众参与机制,对社会普遍关心的问题要进行解释说明,及时回应社会关切;健全解读回应工作机制,按照"解读是常态、不解读是例外,发布与解读同步"原则,进一步创新解读方式,提高解读质量;完善基层政务公开与村(居)务公开协同发展机制。

四是公开透明,让办事服务更加便利。大力弘扬"马上就办"优良作风,推进办事服务公开标准化,全面优化办事流程,加强"一件事""一类事"等综合办事信息公开;全面推行"互联网+政务服务",充分运用数字福建建设成果,统筹推进政府门户网站、政府系统政务新媒体、第三方平台公众号、便民服务中心等线上线下联通和数据互联共享,努力实现"一网通办、全程网办"。

五是强化支持,让公开质量更有保障。坚持依法依规,鼓励先试先行,加强组队建设,加强监督评估。

2021 年全年福建省主动公开政府信息 14.36 万条,办结政府信息公开申请 1.04 万件,发布政策解读 4300 多篇。①

在新冠肺炎疫情影响持续、宏观经济形势复杂、自身发展任务繁重的大背景下,政府部门更要注重舆论的正向引导,及时回应社会关切,听民意、汇民智、解民忧,切实做到"群众有所呼,政府有所应",在政府和群众之间搭建起信息互通、资源互享、情感互融的桥梁纽带。

---

① 数据来源于福建省人民政府办公厅发布的《福建省 2021 年政府信息公开工作年度报告》。

第八章 福建省服务型政府建设面临的挑战

习近平同志在闽期间提出构建服务型政府的概念,经过二十多年的探索实践,福建省在服务型政府建设方面取得了很大进展,但是这个建设过程需要长期的规划,不可能短期发展出重大成就。当前福建省服务型政府建设由于多种原因仍然处于探索阶段,所面临的困难和挑战不断。

第一节 服务型政府建设的理论支撑不足

自服务型政府概念首次提出以来,福建省在建设过程中一直处于学习探索阶段,其中也取得了相关理论和实践成果。但从整体上看,由于福建省服务型政府的理论基础较薄弱,研究角度和关注方面还较少,同时存在对服务型政府建设概念的不统一,理论体系的支撑不足将造成一定认知分歧。此外,政府也存在对本土化研究不足、服务理念缺失等问题,导致福建省的服务型政府建设有关理论指导不足。

一、服务型政府概念存在分歧

服务型政府作为一种新型的政府治理方式,自提出以来一直受到学术界的广泛关注,专家学者们对服务型政府建设的内涵、需求、建设路径等方面进行了深入探讨,得出了一定的理论成果,然而对于服务型政府的概念迄今未形成统一的观点。学者们从不同的领域和角度去解读服务型政府概念,也因此形成了不同的认知理解,还对服务型政府与法治政府、责任政府等平行概念产生了争议。由于福建省各地情况不同、发展水平不一,各地为建设服务型政府所采取的措施不同,因此造成服务型政府建设中有关概念、机制体制、社会公众的理解不一致等问题。而概念的分歧和界定模糊使得服务型政府建设的理论支撑不足。

二、服务型政府建设的本土化研究不足

在现有服务型政府建设研究中,一部分是从西方国家吸收相关理论研究,包括西方治理理论、新公共管理理论等;另一部分是我国结合自身国情的需要,探索总结的服务型政府建设理论。福建省建设服务型政府,既不能只借鉴西方国家的建设经验,也不能对国内通用的服务型政府建设理论直接套用,而是需要从福建省省情出发,寻求适合本省的建设理论。但由于福建省政府针对这方面的理论欠缺,也缺乏相应的经验,难以形成对服务型政府的本土化回应,带来了部分效应不足的问题。

三、服务理念认识不足

"以民为本，为民服务"是建设服务型政府最核心的部分，只有真正将"以人民为中心"作为指导思想，服务型政府建设之路才会畅通。福建省在进行服务型政府建设的过程中，积极推进行政管理改革以提高政府的办事效率。但目前，政府官员存在对建设服务型政府的必然性认识不足的问题，在开展服务型政府建设中存在停留在表面工作的现象，这使得服务型政府建设处在一个浅显的地位。有些地方政府没有建设服务型政府的理念，在进行服务型政府建设时并未真正将工作落实，每次的考察工作也大都停留于表面，主要体现在教育资源、社会保障、医疗卫生等方面，政府服务理念认识缺乏，对工作监督不到位，各级政府人员有的还停留在传统的执政理念中；此外，许多部门存在办事程序设置不合理的现象，导致审批过程烦琐、审批时间较长，引起一系列效率不高的问题，且公众在办事时无法简单有效地通过政府服务解决需求。若各级政府将服务型政府建设趋于表面，将难以推进服务型政府建设。

第二节　公众参与度低

服务型政府是以公众满意为目标的现代新型民主政府，其基本职能是满足公众和社会的需要，并对公众的需求作出回应，秉着公众的意愿来提供公共服务。由于在福建省进行服务型政府建设的过程中，各级政府缺少对公众的宣传教育、相关的政策法规体系不健全等因素,导致公众的参与度不高。此外,公众自身力量弱小、参与意识不足,参与能力有限,造成公众自身的参与性与回应性低,不利于服务型政府建设。

一、政策法规体系不健全

能充分调动公民参与度并使其参与到政府管理中来的政府是一个好政府,但公众想要参与到政府建设和管理中来需要有健全的政策法规保障,然而,建设服务型政府面临的一个问题就是缺乏相适应的政策法规、公众参与制度。近年来,福建省各级政府也意识到公众积极参与在服务型政府建设中的重要性,同时,政府进行了关于积极开展公众参与建设的试验,包括在行政决策、政府绩效评估、推行政府的听证制度、重大决策的公示决策等方面。尽管有《宪法》赋予公众依法治理国家和社会事务权利,有《行政处罚法》对公示制度、听证制度等提出明确规范体系,但是目前我国的法律体系并未对公众行政参与提供健全的制度保障,对公众所参与范围、途径等都没有规范体系,在公共政策制定、政府绩效评估、公共服务监督、行政执法监督等方面,都缺少具体的政策细则,造成公众参与的真实性和有效性大大降低,这是服务型政府建设中面临的又一挑战。

二、公众参与的渠道有限

从目前有关福建省服务型政府建设的公众参与来看,主要包括参与公共服务质量监督、评价政府绩效、参加听证会以及社区公共事务的商讨等方面。然而,由于缺乏制度保障、结构性失衡等问题,公众参与的渠道受限,主要包括政府网站信息停滞、听证会没有实际参与权、信息未做到实时公开等。公众较少参与公众行政决策制定、政府绩效评价,而在公共服务等方面参与更少。尽管各级政府都设置了公众参与,包括公证会、听证会、行政监管等,但实际而言公众参与的有效性是不足的,未能构建公众参与决策的民主治理体系,这些参与机制不免存在一些表演迹象,严重制约了福建省服务型政府建设的可持续发展。

三、公众参与意识不足

在服务型政府建设中,公众的参与意识也是影响公众参与的重要因素。一方面大部分公众都存在意识缺失的问题,对自身参与服务型政府建设中的权利义务认知不清,缺乏主动的责任意识,认为服务型政府建设只与政府相关,完全是政府的职责,仅仅依靠政府便能实现改革建设,因而在建设中缺乏主动参与意识;即使有少部分公众了解,但都是片面的,政府呈现出的服务现象甚至还会让公众有抵触心理。另一方面,目前的公众参与以个人参与为主,较少以集体参与,主要体现在社会服务、公共安全、教育娱乐、集体谈判等领域。此外,由于大多数公众都既令公共管理相关知识,对公众服务、公众管理的认知都非常有限,未能对服务型政府建设发挥积极作用。

第三节　基层人民群众面临的问题未得到解决

习近平同志在 1988 年刚到福建任宁德地委书记时,就下基层到闽东农村调研,并深入调查研究。解决基层人民群众的问题,加强调查研究是党的优秀传统。目前福建省人民群众尚有许多困难未得到解决,主要包括乡村振兴发展中所产生的矛盾、涉及较大项目资金问题、基层政府所属职权畅通受阻、各部门之间协同合作困难、基层政府财政状况不乐观、基层政府服务保障能力不足等问题。

一、基层政府服务职权畅通受阻

在基层建设中,政府职权未统一规定主要负责人,而基层政府与上级政府之间的沟通问题将影响职权执行。一方面,在服务型政府建设中,基层政府的权力有限,其主要是为人民群众提供服务;而在实际工作中,不同地方的主要负责人不同,既有县级政府人员负责又有乡镇政府负责,二者沟通受阻容易造成执行力不足,进而影响建设工作的效率。另一方面,在服务型政府建设过程中,由于相关事务的认证程序过多、审批程序复杂,各级政府对审批的优先度划分不够精准,导致出现一定的审批重复或者审批拖延的现象,不利于基层服务型政府的建设。此外,基层政府对政府职能转变的认识不够深入,在实践中转换职能不够彻底,与第三方关系协调不够紧密;在规范基层政府工作职能方面和政府事权划分范围上仍存在困难,以致阻碍基层服务型政府建设。

二、基层政府间存在协同困难

在服务型政府建设中,明确各部门协同职责,共同推进服务型政府建设有助于促进政府建设措施的实施。基层政府各部门能否协同发展是影响政府建设效率的重要因素。若各级政府合作共享、协同分工处理相关问题,对人民群众所提出的问题厘清关系、积极协商,则会大大提高政府的工作效率;反之,若基层政府与各级政府之间协同困难、部门工作交叉困难,在执行政策中存在一定的利益冲突,则会导致各职能部门的服务难以同时推进,损害人民群众的利益,不利于服务型政府建设。当前福建省在进行服务型政府建设中存在各基层政府间职能重叠、职权协同困难的局面。此外,基层政府与公众之间缺乏有效的沟通,政府不能了解公众的需求并提供相应的服务,这种基层政府与公众之间的不协同也带来了一系列问题,阻碍政府建设进程。

三、基层政府财政情况不乐观

公共财政体系是政府行政管理的基础,也是服务型政府建设的主要内容。基层政府的发展需要资金支持。当前,福建省为建设服务型政府,积极推进城乡统一税制改革,旨在提高人民的生活水平、提升农民的社会地位。但是,当前省以下财政体制还存在财政事权和支出责任划分不尽合理、收入划分不够规范、转移支付定位不清等问题,导致基层政府的财政困境。此外,由于基层政府人力资源的缺乏,人员自身的服务性收入减少,大部分依靠政府补贴。但是,财政需求过大对政府的财政开销造成许多负担,基层政府的财政状况不乐观。同时,在政府职能转变的背景下,基层政府的财政压力越来越大。而上述问题的出现,也加重了基层政府的财政困境,从而导致服务型政府建设在基层政府财政上受阻,并呈现出了更多的"形式主义"现象。

四、基层政府服务保障能力不足

服务保障能力是检验基层政府建设能力的一项重要指标,建设中的"后勤"部队应当做好服务保障工作。当前,福建省基层政府由于一些原因导致保障能力相对不足,主要体现在以下几个方面:第一,基层政府工作相对来说比较艰苦,可能经常需要下基层为人民群众提供服务;同时整个基层政府结构较小,人员晋升的空间有限;此外,由于经费申报紧张,人员工资福利也不高,因此基层政府的人才队伍逐渐缩小,造成后备干部人才相对短缺的现象。第二,基层政府经费保障能力不足。由于基层政府收入有限,提供的工资福利不足以留住相关技术人员;同时,基层政府的经费筹集方式比较单一且各基层政府的财力差距大,无法为服务型政府的建设提供有效保障。第三,基层政府人员缺乏对理论知识的学习,在建设服务型政府时研究不够深入,"以人为本,执政为民"的服务意识还未完全树立;加上在基层对于政府职能转变的认识不足、法治意识淡薄,不能运用相关法律手段来解决建设中存在的问题,导致未能给服务型政府建设提供足够的保障。

第四节　政府管理不完善

政府的管理在服务型政府建设整个过程中起着决定性作用。政府管理不当或者管理不到位将带来许多问题,阻碍服务型政府建设进程。问题主要体现在:缺乏有效的社会监督、对区域的整体发展规划不足、不注重公共管理事业、服务模式过于单一、政府行政改革不彻底、评估体系不健全等。

一、缺乏有效的社会监督

政府是在服务型政府建设中实现公共管理、公共服务的有效抓手。基于当前公共管理机制不完善、社会组织发展不健全、公共服务提供不充分等因素,福建省政府并未完全赋予社会和公众等以监督权力,这样一来公众和社会便不能对政府进行有效的监督。服务型政府建设项目被下达给各级基层政府时,由于负责项目实施的部门人力财力有限,也无法对实施过程做到实时有效监督。此外,项目流程的复杂烦琐也给政府监督带来了阻碍。服务型政府建设中存在的一系列问题,包括社会监督机制的不完善、政府有效监督的缺失等,一方面反映出政府管理的乏力,另一方面使得公众的意愿、诉求难以实现,最终影响公众主动参与社会监督的积极性,对福建省的服务型政府建设产生了一定的内部压力,影响了福建省服务型政府改革建设的进程。

二、对区域发展的整体规划不足

党的十六届六中全会提出建设服务型政府,强化社会管理和公共服务职能。新一轮政府改革的思路也逐渐明确,要以构建服务型政府为目标。但由于福建省各地经济发展水平、公共服务及基础设施状况差距较大,造成各级地方服务型政府建设发展不平衡、水平不一,难以形成有推动力的服务型政府建设榜样以帮助相对落后的地区。此外,福建省的服务型政府建设还处于摸索阶段,建设的总体框架有所欠缺,构建服务型政府的参考案例较少,省政府也难以制定系统性部署和具体有效的区域发展规划。

三、重经济发展而轻社会服务等事业

自改革开放 40 多年以来,我国经济发展快速,政府在推动经济发展方面起着重要作用,各级地方政府的积极努力带来了现在的成就。福建省政府也受到了经济快速发展带来的影响,表现在较为注重 GDP 的增长,追求经济增长速度,但这在一定程度上与服务型政府建设的总体方向是相违背的。在服务型政府建设过程中,关注公共服务、公共管理等职能的作用较为重要,但建设目标是多元的,不仅仅是经济目标。若放在改革开放初期,通过经济建设为政府建设发挥的积极作用显而易见;但当前福建省政府必须完善公共管理、社会管理职能,在加强经济调节、市场监管的同时,更应加强社会治理,为服务型政府建设提供优质的公共服务。政府需要转变观念,强化服务意识,为公众提供更多的公共服务。当前,政府缺少具体公共服务、公共管理的规划和工作安排,甚至未涉及这方面内容,过多重视经济建设,这将阻碍服务型政府建设的发展。例如,福建省在新农村建设中由县政府向镇政府下达蔬菜种植数量、面积等硬性任务指标,使得下级政府为应付上级政府下达的任务过多关注经济增长,忽略了公共服务、公共管理、社会管理等事业,进而制约了政府职能的转变。

四、服务模式过于单一

服务型政府建设除了需要政府自身提出建设路径外,更重要的是要引领群众参与,为服务型政府建设提供实质性的宝贵意见。当前,福建省各级地方政府服务模式单一,公共服务和管理并未广泛征求民意,而是仅依赖于政府领导的倡议,在突发性事件面前缺少一定的准备,不能为人民群众提供满意的服务。在服务型政府建设中要将人民群众的利益与政府紧密相连,二者协同互动,这有助于政府行政管理的正确实施。反之,若二者缺乏互动,不仅会给政府利益带来损失,也会影响政府行政机制改革,最终不利于服务型政府的职能转变和建设发展。

五、政府行政管理体制改革不彻底

政府行政管理机制对服务型政府建设、高效提供公共服务和服务管理等方面起着较为重要的作用。福建省政府已经制定了一系列行政管理改革措施,但在实际工作中仍存在许多问题,主要表现为:

第一,政府为改革所制定的相应的评价指标可操作性不足,许多在实际工作任务中无法找到相匹配的指标进行处理,这增加了行政改革的复杂性及难度。

第二,政府行政立法欠缺。当前,各级地方政府在进行行政立法等活动时没有遵循严谨的参与程序,缺少参与主体,导致行政立法中听证、公证等制度未能展示出其应有的功能。

第三,政府行政执法无序。行政执法水平与政府的行政管理机制和政策实施落实密切相关,目前福建省在行政执法环节仍存在秩序混乱的问题,各层部门权力分散,各层级之间缺乏沟通和配合,在一定程度上阻碍了政府行政管理的改革进程。

第四,服务型政府的行政运行机制不够完善,在行政体制改革中,运行机制直接影响到改革的结果,但由于资源配置不合理,造成财政支出过多、公众服务和管理支出不足,影响了政府履行运行机制的有效性。

六、评估体系不健全

评估体系是政府绩效评估中一种有效的管理工具,在提高行政效率和加强公共服务能力的基础上,能推动服务型政府建设。政府绩效评估体系有利于对服务型理念的落实、有利于政府职能转变、有助于明确服务型政府建设方向。然而,福建省现今的政府绩效评估体系还不健全,导致建设服务型政府方向不清晰、建设动力不足,不能呼应服务型政府建设的目标,阻碍服务型政府的建设。具体表现在:

第一,政府绩效评估体系单一。福建省政府的绩效评估主体多为上级行政机关和专门结构等,评估注重政府自身评价而忽视社会公众的评价。当政府垄断相关信息资源时,由于信息不对称等原因,评估难以发挥其价值,只是政府内部评估对服务型政府建设不能起到参考作用。

第二,政府绩效评估内容设置不合理。评估内容多重视最终成绩,忽视结果,并且对评估内容缺乏明确的指标。政府在建设中只关注工作完成与否,并不关注工作的质量,是否产生了预期效果,是否满足公众的需求,使得评估失去了客观性。这种评估模式只是一种形式,评估内容的不合理性导致政府过度强调经济,严重制约了社会的发展。

第三,评估过程缺乏规范,对评估体系权重规定不合理。政府在建设中有所侧重,会导致政府工作失衡。

第四,政府绩效评估过程不公开,缺乏透明度,未建立与政府绩效评估结果相关的制度,使得评估体系难以发挥其作用。

第五节　法治建设的不足

党的十九届四中全会提出各级党政机关和领导干部要带头遵纪守法,运用法治思维解决矛盾、推动发展、规避风险,这为国家治理能力和治理体系指明了道路。服务型政府必须是法治政府。而法治思维的良好运用将推动经济社会发展、有效管理公共服务,为建设服务型政府提供保障。当前福建省法治建设现状不太理想,存在一些问题,阻碍了服务型政府建设。

一、公众和行政人员法治意识不强

经过改革开放 40 多年的法治建设,福建省人民群众法律意识仍不够明晰,遇到事情并不总是第一时间使用法律手段解决。部分行政人员法治意识也较为淡薄,对法治建设并没有清晰的认知,队伍整体素质有待继续提高。这导致人治大于法治的观念在一定层面上依然存在。

二、政府法治保障不足

法治是服务型政府建设创新的依据,是发展成果的保障。福建省目前法治保障不足主要体现在政府权力的行使缺乏保障,各地方政府履行综合管理职能还是单一管理职能还不够明确,在实施过程中存在阻碍,无法为服务型政府建设提供切实保障。一方面,政府行政人员与公众并未进行良性互动,没有完善的法治保障,政府行政人员在履行义务时也不能完全遵守相关规定;另一方面,政府法治建设在人民群众使用公共产品和公共服务方面并未发挥积极作用,在人民群众对公共产品、服务、管理等方面的需求增加时,政府并未及时用法治建设来保障,使得福建省在服务型政府建设过程中困难重重。

第六节　地方政府网络问政平台的困境

福建省作为最早一批主动在服务型政府建设中运用现代网络信息技术的省份,其建立的网络问政平台在建设中发挥着至关重要的作用。当网络政务活动被提升到一定战略高度时,就不可避免会出现一些问题阻碍建设进程,主要体现在:地方政府"形式主义"问题突出、缺少平台建设的整体规划、服务质量不高、平台技术支撑不足等。

一、"形式主义"问题突出

近年来,随着福建省网络问政平台的发展,公共服务平台逐渐成为网络问政平台的重要组成部分。公众通过网络问政平台提出问题、建议,政府便可对公众反映的问题有针对性地进行对接并解决。但各地方政府出于对政绩的追求,"形式主义"相关问题突出,主要表现在三个方面:第一,网络问政平台内容陈旧,并未做到实时更新信息。第二,网络问政平台只是简单发信息的平台,功能设置单一,并未充分发挥其存在的价值;同时公众对公共服务提出的建议反馈,平台只片面追求反馈率,不探讨不解决,互动性较差,从而使公众提出的问题"石沉大海"。第三,回复一些公众问题简单粗暴、态度恶劣,导致地方政府网络问政平台"形式主义"表现突出。若网络问政平台成为摆设,不能发挥其价值,不仅无法达到预期目的,还损害了政府的公信力,从而阻碍服务型政府的建设。

二、平台建设缺少整体规划

福建省在进行各地方网络平台建设的过程中,发展方向主要取决于地方党政领导的工作理念以及对网络平台的重视程度,这也体现出一定的随意性,缺少整体规划。由于缺乏统一的规划指导,各地方政府在进行网络问政平台建设时,往往方向不够明确,无序化问题凸显。主要体现在两个方面:一方面,一些地方政府不结合实际问题,盲目跟风建设平台,并未从本地自身实际情况出发;另一方面,由于省、市政府平台缺少资源共享和数据共享服务,并不能实现平台上信息的互联互通,不可避免地带来了网络平台建设的短期化效应,造成对资源的浪费。

三、平台的服务质量有待提升

当前,福建省本地网络问政平台建设主要由各地方政府设计、管理、运营,平台运行中的大部分功能设计未考虑平台用户的使用感受,多从政府自身工作便利性出发,使得公众难以通过网络问政平台解决问题,也打击了公众参与的积极性。此外,网络问政平台的设计不够智能化,运用搜索栏进行查找时排版不够清晰,相关数据栏目也不够准确,影响数据的查找效率。另外,公开栏目的设计模板单一化,设计的主要问题选项只有几个,公众问答受限,不利于公众进行提问互动,也不利于平台提供服务,网络问政平台整体的服务质量都有待提升。

四、平台技术支撑不足

网络问政平台在福建省各地方的发展也存在不平衡现象,尤其是一些偏远落后地区,由于资金不足、人员稀缺、设备缺少,网络问政平台的功能性支撑作用不足,缺乏巡检、预警等管理手段,技术基础较为薄弱。此外,平台所需的专业化管理人才不够。随着网络的迅猛发展,平台运营管理的复杂性也随之而来,对人才的需求越发强烈,迫切需要具有扎实专业基础的人才加入。现今所面临的技术支撑不足问题,在一定程度上影响了网络问政平台的可持续发展,也对服务型政府建设产生了阻碍。

第七节　区域发展不平衡问题仍存在

福建省内各地区存在地理环境、市场、制度、政策等方面的差异,这些差异短时间内无法消除,造成东西部发展的不平衡。福建西北部地区相比福建东部沿海地区,在服务质量、服务水平、服务能力等方面都相对落后,各区县的经济发展水平差距颇大,生产发展与环境治理能力的矛盾突出,人口分布的不均衡等这些区域差距使得福建省西北部地区无法与东部沿海地区实现协调发展。而地区发展不平衡问题的存在,必然加重不同地区之间的矛盾,主要体现在教育、医疗卫生等方面。

一方面,教育经费投入与经济发展密切相关,福建省各地市由于教育经费投入不均衡,导致区域经济发展也呈现不平衡;城乡义务教育差距问题突出,在师资队伍和教育资源配置等方面也存在显著差距,许多农村地区的师资力量缺乏,教师结构失衡,这将直接影响下一代的生活质量,同时间接影响当地的经济发展,不利于福建省的服务型政府建设。另一方面,福建省的医疗卫生资源集中在东部沿海城市,中西部边远地区的医疗资源匮乏,医疗资源分布极端不平衡,而且这种不平衡短时间内无法消除,必然会带来发展差距大的问题,不利于福建省服务型政府的建设。

第八节　农村建设经济基础薄弱

习近平同志在 1996 年便提出农村建设关键主体是依靠村集体自身发挥主观能动性,增强内生发展能力;同时提出要大力组织推广群众创办实体、立足实体等方法,壮大农村集体经济;此外又对如何发展壮大农村集体经济提供了更为创新和行之有效的方法,运用各种方式去发展建设农村经济。近年来,福建省积极推行习近平同志对农村建设发展的指示,推动本省农村经济建设。然而,由于福建省农村集体经济基础薄弱,在推进农村建设过程中也存在许多问题:

第一,农村的生产技术较落后,在生产效率上存在很大的提升空间。在很多农村,生产还是大部分依靠人工而非机械化,因此在一定程度上影响农村建设生产效率。

第二,农村的经济管理制度不够健全,经营模式还不够现代化,具有一定的局限性,建设发展存在一定难度。

第三,农村建设的金融体系不够完善,这在农村建设中存在一定的风险隐患。此外,虽然政府通过带动村特色产业,建设集游乐、生产于一体的农村特色小镇,小镇的发展空间无限,但由于村庄经济基础薄弱,很难形成特色产业中的功能配套,缺少产业融合发展,使得全省农村建设都面临巨大阻碍。农村建设所面临的经济困难会阻碍其发展,并不利于全省服务型政府的建设。

第九章　福建深入推进服务型
政府建设的具体路径

随着中国进入社会主义新时代,我国已经取得了全面建成小康社会等一系列成就,在实现中华民族伟大复兴的道路上更加大步迈进。当前,我国社会主要矛盾已经发生转化,这对建设服务型政府提出了更高的要求,未来更好实现公正公平、效率与竞争、廉洁与透明、民主与参与等公共价值。当前,福建省在推进建设服务型政府上已经取得了诸多成果,也面临诸多的困难与挑战,要进一步推进服务型政府建设,建设法治政府、有限政府、责任政府、回应型政府成了必然的路径选择。

第一节　法治政府

法治政府建设是全面依法治国的重点任务和主体工程。党的十八大以来,习近平总书记统筹中华民族伟大复兴战略全局和世界百年未有之大变局,以实现党和国家长治久安的高度,创造性地提出了依法治国的一系列新理念新战略,形成了习近平法治思想。党的十八大以来,习近平总书记围绕法治政府建设的目标任务、地位作用、工作布局、检验标准、重要抓手等作出一系列重要论述,形成了科学、严谨的思想体系和理论架构,是习近平法治思想在法治政府建设领域的集中体现,蕴含了习近平法治思想的基本精神和核心要义。我们必须学深悟透习近平法治思想,清晰定位法治政府建设,全面把握其内涵与特征,不断提升法治政府建设的质量和水平。

一、深入贯彻学习习近平法治思想

习近平法治思想内涵丰富、论述深刻、逻辑严密、系统完备,从历史和现实相贯通、理论和实际相结合上,高度回答了中国进入新时代后为什么必须实行全面依法治国和应当怎样实行依法治国等一系列重大问题,是建设法治政府的行动纲领。建设法治政府,是实现经济发展、政治清明、文化昌盛、社会公正、生态良好的重要方式,也是实现为民服务、保障人民利益的重要方式,是建设服务型政府的必然要求。要实现法治政府,要集中体现在三个坚持:

一是坚持党的全面领导。社会主义法治必须坚持党的领导,党的领导必须依靠社会主义法治,二者是有机统一的。法治是党领导人民治国理政的基本方式,党领导立法、保证执法、支持司法、带头守法。党领导人民制定和实施宪法法律,党坚持在宪法法律范围内活动。任何组织和个人都必须尊重宪法法律的权威,都必须在宪法法律范围内活动,都必须依照宪法法律行使权力或权利、履行职责或义务,都不得有超越宪法法律的特权。

二是坚持以人民为中心。社会主义法治必须依靠人民、为了人民、造福人民,法治的目的就是要体现人民利益、反映人民愿望、维护人民权益、增进人民福祉,这是社会主义法治的本质要求。推进全面依法治国,根本目的是依法保障人民权益。福建省政府要积极回应人民群众的新要求新期待,系统研究谋划和解决法治领域人民群众反映强烈的突出问题,不断增强人民群众获得感、幸福感、安全感,用法治保障人民安居乐业。

三是坚持中国特色社会主义法治道路。推进全面依法治国,必须从中国实际出发,体现中国特色,尤其是在传承中国优秀传统法律文化方面,习近平总书记多次强调我们国家有独树一帜的中华法系,中华法系中有许多优秀的法律文化积淀,比如出礼入刑、隆礼重法的治国策略,以礼为核心、情理法统一的伦理法治,人与自然和谐共生的天道观,德主刑辅、明德慎罚的慎刑思想,民为邦本、本固邦宁的民本思想,天下无讼、以和为贵的价值追求。我们今天应该研究独树一帜的中华法系中有哪些优秀的传统文化、法治精神可以为今天所用,来改造、提升、弘扬中国特色的法治文化。除了继承优秀的中国传统法律文化之外,当然也应该借鉴国外的有益法治成果,比如我们今天所说的程序正当、法律面前人人平等、权力监督制衡等理念,也来源于人类共同的法治文明。

二、提高执法整体效用

政府执法队伍形象对城市管理综合行政执法的公众满意度有显著的正向影响。由于社会舆论对弱势群体的同情维护,加上部分城管事件的处置不当,以及新闻媒体的推波助澜,城管的形象被严重妖魔化,公众对城管的印象固留在"不文明"、"暴力"、"冷血"和"欺负弱者"这几个标签之中。职业道德品质、工作行事作风和精神风貌都是执法形象的体现,是公众直接与城市管理综合行政执法队伍的接触过程中所能得到的最直接、最具体的印象、感受。为了加强城市管理综合行政执法队伍的规范化建设,2017 年,住建部明确指出要对城市管理综合行政执法队伍的服装和标志进行统一,这就意味着城市管理综合行政执法这支队伍的外在形象走入正轨,也是这支队伍走上正规化建设、进一步提升权威性的重要标志。但是城市管理综合行政执法队伍更需要苦练"内功"来加强自身建设。目前部分执法人员存在法律意识不强、执法不规范、执法不文明等现象,关于城市管理综合行政执法队伍在执法过程中的负面新闻屡见报端,给城市管理综合行政执法的公众满意度造成负面影响,与公众的需求还有很大的距离。

基于我国城市发展的局限性,城市管理综合行政执法理念一直存在秩序行政、政府主体和小城管三个弊端。理念是行动的先导,没有正确的执法理念就不可能存在行动上的自动自觉。城市管理综合行政执法队伍要从思想上牢固树立"执法为民"的理念,积极适应全面推进依法治国、建设法治社会的新要求。在新形势的浪潮下,执法人员的执法观念要从传统向现代迈进,顺应时代的发展,适应民生的需求,清晰认识城市管理综合行政执法的工作目标,明确运用执法手段进行城市管理的目的。城市管理是为了优化城市公共环境,维护城市秩序的和谐统一,规范有损公共利益的市民行为,因此执法过程中要树立"以人为本"的宗旨。城市问题的产生往往涉及前端服务、管理、监督等多个环节,任何一个环节的处置失当,都会将产生的问题和公众的不满压缩到执法环节。这就要求执法人员学会换位思考,走到执法对象中去,倾听执法对象的实际困难,设身处地地为执法对象着想,真心实意地为执法对象服务,变被动执法为主动服务。

由于缺乏相应的城市管理综合行政执法规范,执法人员不规范执法的现象一直存在,客观上加大了执法队员和执法相对人的冲突。由住房和城乡建设部发布、自 2017 年 5 月 1 日起实施的《城市管理执法办法》填补了此前 20 余年城市管理执法规范的空白,为规范城市管理执法活动提供了行为准则,为保障行政相对人权益提供了法律支撑,为改革城市管理执法体制提供了指引。但应该指出,城市管理综合行政执法队伍的执法对象大多是弱势群体,在查封扣押物品、拆除违章建筑的过程中,执法人员极易和当事人发生正面冲突,为化解双方的矛盾,执法人员更应该发动智慧改进执法方式。各地在改进执法方式上都进行了积极的探索,如杭州市城市管理委员会为解决执法队伍的形象和执法规范等问题,推出《杭州市城管执法两化实务手册 1.0 版》,从城市管理问题复杂、突击事件频发的实际出发,为一线执法人员形象展示了具体工作中"应该怎么做"。宁波市鄞州区城市管理综合行政执法局探索运用影像摄录、视频监控、远程监测等信息技术手段,推进"非接触性执法"模式,减少了执法者与执法相对人之间的正面冲突。广东、山东等地引入律师参与城市管理综合行政执法工作,在多个方面取得了良好效果:暴力抗法事件显著下降,行政处罚执行率获得提高,人民群众对城市管理综合行政执法的认可度明显加强。

三、持续优化法治化营商环境

科学立法是法治化营商环境的前提。就福建省而言,一是还要不断完善法治化营商制度体系。要继续利用立法这一重要抓手,按照科学立法、民主立法、依法立法的立法原则和要求,聚焦市场主体关切,对标国际国内先进水平,既立足当前又着眼长远,不断完善营商环境立法规划,不断完善优化营商环境法治监督机制,维护公正的法治营商环境;要加强与市场主体有关的投资管理、土地管理、能源和矿产资源、财政税收、金融等重点领域的立法,促进商品和要素自由流动、公平交易、平等使用。二是要加强政企沟通,完善立法体制。修改制定与市场主体生产经营相关的立法文件,扩大市场主体的立法参与度,充分听取市场主体和行业协会商会意见,建立健全意见建议采纳和反馈机制。三是坚持立改废释并举,不断提高优化营商环境立法质量和效率。及时清理废除妨碍统一市场和公平竞争的各种规定和做法。四是要坚持问题导向,增强优化营商环境立法的及时性、系统性、针对性、有效性和可操作性,以良法促进发展、保障善治,为法治化营商环境建设提供制度支撑。

依法行政是法治化营商环境的根本。《法治政府建设实施纲要(2021—2025年)》明确提出:"加快构建职责明确、依法行政的政府治理体系,全面建设职能科学、权责法定、执法严明、公开公正、智能高效、廉洁诚信、人民满意的法治政府。"法治政府建设是法治福建的重点任务和主体工程,是推进福建省治理体系和治理能力现代化的重要内容。构建法治化的营商环境,要求政府严格依法行政,切实履行职责,遵循法定职责必须为,法无授权不可为。一是要坚持科学决策、民主决策、依法决策。自觉把法治原则和要求贯彻到法治化营商环境建设决策的全过程,严格落实行政决策程序规定,注重决策质量和效率,切实避免因决策失误产生矛盾纠纷、引发社会风险、造成重大损失。二是要继续深化"放管服"改革,厘清政府与市场的关系。落实好出台的权力清单、责任清单、负面清单,充分发挥市场在资源配置中的决定作用,克服政府职能错位、越位、缺位现象。要持续深化"一件事一次办"的"福建样本",依托全国一体化政务服务平台等渠道,全面推行审批服务"马上办、网上办、就近办、一次办、自助办"。三是要坚持平等保护原则。依法平等保护各种所有制企业产权和自主经营权,切实防止滥用行政权力排除、限制竞争行为。四是要强化部门之间的协调与联动,建立省内政务数据融合共享机制。坚持全省"一盘棋",由省级层面推动集成创新、解决跨地域跨层级办事、促进线上线下融合,加快政务信息交流整合和资源共享,真正打破数据壁垒,加快实现政务服务"一网通办"和企业群众办事"只进一扇门、只上一张网",形成上下联动、同频共振、整体推进法治化营商环境的良好局面。

严格执法是法治化营商环境的关键。法律的生命在于实施,实施的关键在于执法。严格执法是依法行政、建设法治政府的基本要求。构建法治化营商环境,一是要深化执法体制改革。最大限度减少对市场主体不必要的行政执法事项,做到"无事不扰"。整合行政执法队伍,继续探索实行跨领域跨部门综合执法,解决多头多层重复执法问题。二是要坚持严格规范公正文明执法,完善行政执法程序,全面推行行政执法"三项制度"。严格按行政裁量权基准制度执法,改进和创新执法方式,在行政执法中加强说服教育、劝导示范、行政指导、行政奖励、行政和解等非强制行政手段的运用,全面提升执法效能。三是要创新监管模式。推动"双随机、一公开"监管和"互联网+监管"有机融合,健全事前事中事后监管有效衔接、信息互联互通共享、协同配合工作机制,构建公平统一、权责明确、透明高效的市场监管制度,最大程度减少执法对市场主体正常生产经营的影响。

四、通过数字技术赋能法治政府建设

当前,以互联网、大数据、人工智能为代表的新一代信息技术日新月异,对全球范围内的经济社会发展、国家管理、社会治理、人民生活产生着重大而深远的影响。我国是后发型工业化、城市化国家,但在信息化、数字化时代却与其他发达国家处于同步调发展和竞争阶段。置身于飞速发展的科技创新时代,我国应当坚持创新驱动发展策略,全面塑造经济社会发展新优势,积极探索通过数字技术革新赋能政府治理,实现政府治理法治化与信息化的深度融合。党的十九届四中全会在对"构建职责明确、依法行政的政府治理体系"作出部署时,提出"建立健全运用互联网、大数据、人工智能等技术手段进行行政管理的制度规则""推进数字政府建设,加强数据有序共享"等重要任务,指明了信息时代借助数字技术赋能政府治理体系和治理能力现代化的改革方向;党的十九届五中全会提出建设"数字中国"的目标,要求"加强数字社会、数字政府建设,提升公共服务、社会治理等数字化智能化水平";《法治中国建设规划(2020—2025年)》将加强科技和信息化保障列入"有力的法治保障体系"之中,要求"全面建设'智慧法治',推进法治中国建设的数据化、网络化、智能化"。

2021年中共中央国务印发的《法治政府建设实施纲要(2021—2025年)》(以下简称《纲要》)紧扣当前科技创新时代实际,明确提出"全面建设数字法治政府"的时代任务,致力于提升法治政府建设的数字化水平。一个通过数字技术赋能政府治理现代化、实现数字技术发展与法治政府建设深度融合的崭新时代已经来临。

2020年1月新冠肺炎疫情暴发以来,数字技术对政府在疫情防控和复工复产中的果断决策、包容治理和精准施策都发挥了极为重要的支撑作用,再次证明了数字技术赋能政府治理的强大动力和广阔前景。就数字法治政府建设的具体方向而言,《纲要》提出了"加快推进信息化平台建设"、"加快推进政务数据有序共享"和"深入推进'互联网＋'监管执法"的三重任务,涉及政务服务模式的划时代变革、大数据在政府治理体系各个环节的运用和智慧监管执法模式的创新,这些改革将会大大提升法治政府建设的数字化水准和行政工作的效能。与依托传统人海战术和公务人员勤政提高行政效能所不同的是，数字技术应用和数据赋能能够全方位推动政府职能转变、创新政府组织方式、提升行政决策能力、改善政务服务品质，使包括"行政手段有效实现目标"和"行政手段效益最大化"双重规范内涵的"行政效能原则"真正得以实现。

"智能高效型"法治政府建设是一项全新的事业，也是一项跨界融合发展的系统工程，涉及政府治理理念的变革、政企合作关系的重构和数字技术的创新应用，对传统法律体系形成了诸多挑战，需要予以系统的理论阐释和制度回应。从长远来看，全面建设数字法治政府将迸发出强大的势能，带动职能科学、权责法定、执法严明、公开公正、廉洁诚信、人民满意的法治政府建设。大量行政事务的"掌上办""马上办""随时办"，能够实现政府瘦身和人民满意的"双赢"；"让数据多跑路、让群众少跑腿"，真正践行了行政权力为人民服务的宗旨；以"互联网＋监管"为依托的远程监管、移动监管和信用监管，为精准监管、靶向监管、科学监管和有效监管提供了坚实保障，增强了人民群众对政府监管能力的信心；信用信息共享平台、掌上复议、在线调解、共享法庭的灵活使用，缓解了官民关系的对抗性，实现了社会矛盾纠纷的多元化高效化解。这些正在初步实践的数字法治政府建设成果，昭示着通过数字技术赋能政府治理现代化的美好前景，将成为新发展阶段我国高质量法治政府建设的重要生长点。

第二节　有限政府

有限政府是指政府自身在规模、职能、权力和行为方式上受到法律和社会的严格限制和有效制约。

基于政府与公众是一组契约关系,公民将权力授予政府,但并没有将所有权力都转让,而是保留了相当一部分,所以政府天然是有限的。有限政府是建立在市场自主、社会自治的基础之上的,只有这样的政府,才是与自身能力相契合的。从一定程度上讲,政府应有自知之明,意识到自身能力的有限是理性确定政府职能边界的前提。现代政府应当将自己定位于"全能"与"无为"之间,做到有所为、有所不为。事实上,只有当政府秉持了有限的价值基准,才能将自身能力范围内的事情做好,并使自身能力得到最大限度的发挥。

有限政府的实现,关键在于法治的实现。法治之下的权力是一种有限权力,严格依法行政的政府必然是有限政府。在法治社会,宪法和法律划定了政府行为的明确界限,行政权力的行使受到法律的限制,政府职能的设置面临法律的规定,政府机构的规模来自法律的约束,所有这些都是一个有限的框架。现代政府的职责,就是保障而不是去侵害人们的基本权利和自由,既不能有丝毫越位,也不能有半点缺位,否则都会受到社会和公众的质疑。

有限政府与有效政府并不对立,相反,有限政府是有效政府的前提。不是有限的政府,不可能是有效的政府。在有限政府之下,要使国家和政府有所作为的最好办法,就是对国家和政府的权力和能力加以必要的限制。没有限制的权力,必然导致对权力的滥用。一个合理的政府理所当然地只能是有限的政府。建设有限政府,就需要深化行政体制改革、优化政府组织结构、简政放权、加强事中事后管理制度、加大公共服务投入力度等。

一、深化行政体制改革

深化行政体制改革,首先要更新政府行政观念,加深服务型政府的理念。继续全心全意为人民服务,坚持人民利益高于一切的宗旨,坚持以人民利益为重。深入理解人本主义精神,提升政府治理能力和治理水平,更好地为经济转型服务,更好地为人民利益服务。

其次,转变政府行政职能,着重加强政府服务职能。进一步推进政府经济管理职能,努力做到不越位,保障市场对资源配置的决定作用,同时加强政府宏观调控职能,加强政府监督功能,更好地为社会主义服务,满足人民群众更多的需求,切实提升人民生活质量。

再次,革新政府行政方式。按照行政行为规范、行政效率高效、行政权力法治的规定,有效提升政府行政效率,节约行政成本。福建省要推进行政透明化建设、提高办事效率、建立健全民主监督制。完善有效果的监督体制,保障行政权力透明地运行,切实增强行政问责制,有效提升政府社会公信力。保障社会公正公平,尽力为人民群众创造一个公平社会,创造一个条件平等的大环境。确保政府提供的服务具有公正公平性,从而让人民群众人人平等和人人共享社会公共服务。

从与民相争的发展型政府向为民谋利的服务型政府转变,政府要尽量减少自身经济干预,拓展延伸政府服务范围。首先政府要创造经济活动的良好环境,加强基础设施建设。其次,政府要通过财政行为保护基础事业发展。服务是政府行政职能的根本,政府行政职能概括起来有三句话:政府需要提供公共产品;政府是经济环境的缔造者,企业是财富的创造者;政府是人民基本权利的保障者。我们必须坚持中国特色社会主义道路,判断一个国家是不是社会主义,最根本的不是国家占有多少资源,垄断了多少企业,重要的是国家是否为民谋利,把人民放在主要地位,是不是把提高人民生活质量放在第一位。社会主义优越性的发挥取决于政府是否转型为服务型政府。

政府"有限性""有效性"的充分发挥也是行政体制深化改革中政府改革的重要内容。市场经济条件下的"有限性"是与计划经济条件下的"全能性"相对立的。从市场经济角度来说,要使经济真正成为市场经济,必须使政府在市场经济下保持其"有限性",有限政府仅仅需要掌握有关社会服务的资源,不可以任意延伸。"有效的政府,则是政府应当在人民群众的广泛监督之下,改善政府的公共管理职能,杜绝贪污腐败,努力做到行政工作的低成本、高效率,为广大人民群众提供应有的服务。"

我国市场经济的最佳状态是努力做到"无为而治","无为而治"的形成需要进一步完善市场经济体制,从而使市场发挥效果。而让市场发挥效果需要一个有效的政府保障,一个有效的政府需要的是一个有限的政府。社会主义市场经济转型需要与之配套的顶层设计,必须合理规范政府与市场的职能范围,有效解决政府越位和缺位的问题,从而创造有限政府使市场发挥效果,并实现科学发展。那么,怎样去定位政府的有限职能呢?英国经济学家哈耶克指出,政府需要提供市场经济条件下其他方面无法提供的服务。同时,他认为政府最基本的职能是提供社会服务和维护社会稳定,以及提供社会公共产品的服务。

我国深化行政体制改革的关键和核心在于以上阐述的两个转变。

从经济和其他方面过多干预的全能政府向规范权力让位于市场的有限政府转变。政府的权力渗透到各项事业的方方面面,过多干预市场经济,这就反映出我国社会主义市场经济的市场化改革还不是非常的完善。"纵观全世界,市场经济体制是大多数国家的历史选择,但是真正让市场经济发挥其优越性的国家没有几个,本质上就是没有建立起来法治、民主的行政体制。深陷在官僚主义和权贵资本主义的泥潭中。"因此,解决好行政体制改革中政府的两个转变,是当今进一步推进我国深化行政体制改革的核心所在。

二、优化政府组织结构

当前我国政府存在的一个矛盾,就是中央与地方之间的矛盾,怎样处理好中央与地方的关系,是一个很复杂的问题。中央和地方属于垂直管理结构,处理好两者之间的关系就是优化这种垂直管理结构,将宏观调控权交给中央,将服务型职能交给地方,要使地方政府承担起服务职责。

我国最新一次的深化行政体制改革和建设服务型政府是在市场经济体制转型、市场经济不断完善和发展的大背景下展开的。这次深化改革范围更广、问题更加严峻,需要我们采取创新思路和统筹战略逐步推进深化,需要我们处理好地方和中央的关系,这决定着深化改革能否成功,决定着我国经济社会在未来能否高速发展和中国特色社会主义能否实现现代化。因此,处理好中央及地方的关系影响深远、意义十分重大。

自第一次行政改革至今,政府机构的人员编制总量已经足以满足我国行政事务以及政府岗位的需求。基于对机构人员编制的正确调研和计划人员数量的控制,党中央和国务院对人员编制和数量做出了严格的限制,既不能减少行政人员编制数量,也不能冲破现有的行政编制数量。

必须保持现有的人员编制数量,避免过去机构人员臃肿问题的复发。某些地方政府机构人员编制的管理有着可以借鉴的先进的方式方法,比如"加强领导、纵向管理"、"统一划分,统一领导"、"审批只需盖一章",再如行政编与事业编分开组织等等,这些先进的管理理念历经多年的实践检验是能起到作用的。要坚持总量不增加的情况下加法减法一起做,意思是我们要盘活存量。政府职能减少,与之相对应的人员编制也应该减少;政府职能有所增加,在编制不变的情况下在内部进行调配;依据行政工作的需要,对部门与部门之间的人员进行适当的调整。"建立健全机构编制与财政、组织人事、监察、审计等部门相互配合又相互制约机制,建立编制台账,实行机关人员'实名制',保证机关工作人员不超编、不超员。实行编制信息公开,加大对违反编制纪律的监督查处力度,维护行政编制的权威性、严肃性。"进一步完善编制管理调节体系、加强内部流动监控体系,并通过法律形式使编制更加合理规范。

机构改革和大部门体制推行面临的另一项重要问题就是领导干部职数过多,一些部门领导无事可做,一些部门又缺乏领导干部。在前几次行政体制改革中,政府在这方面花了很多精力,但问题没有得到有效解决,尤其是副职闲职太多。最近几年,地方政府有效减少了副职,减少了领导干部数量,提高了效率。关于下一步改革重点是,要严格按照《国务院组织法》和《公务员法》的规定,将部门领导职数限制在一正二副的范围中,并且部门内严格按照有关规定设置人员职位。领导干部职数的缩减不仅不会影响到行政工作,反而有利于政府明确确定职责范围。

"推进政府机构改革,要紧紧围绕继续深化改革大部门制,逐步优化政府组织机构,建立健全职能分配合理、有机统一的大部门体制,完善行政权力运行机制。"政府机构进一步优化的基本内容是在进一步优化组织结构的基础上继续探索完善大部门体制改革。大部门体制是为提高政府行政事务处理能力,按照精简原则合并相关政府部门所组成的具有管理能力和明确职能的大部门政府组织。简单地讲,大部门体制就是将一个大类型的职能和权力交由一个综合管理部门统一管理,这样做就会明显地避免政府不同部门职能的交叉,有效解决职能分配不合理问题,大部制的优点在于能充分发挥职能效果,大幅度提高行政效率,并且有效降低行政事务工作的成本,同时也解决了机构臃肿、人员膨胀的问题。所以,建立健全职能分配合理、职能有机统一的大部门体制就成了当今深化行政体制改革的另一个关键环节。

严格控制政府机构人员编制,大大缩减领导干部岗位,同样是大部制深化改革的一项内容。政府行政不只是正确地履行职责,而且要尽量统一相关职责和低成本地实现行政能力最大化。降低行政成本,包括优化机构设置和有机统一政府职能,精简政府机构人员,创新行政方式方法,把有限的资源用到点子上,将效益最大化。服务型政府要努力做到勤俭节约,把纳税人的钱用到为人民谋利益的实际用途上,反对铺张浪费,反对豪华奢侈。

三、简政放权,优化审批服务

(一)明晰管理理念

国务院和上级政府下放部分行政审批事项,实际上充实了地方政府事权,有利于强化权责一致,提高审批效率、效能和效果。地方政府要加强管理,其目的是:环境好、市场公、服务优、社会正,展示职责使命和治理能力;管什么:管战略、管规划、管标准、管政策、管监督;怎么管:事中管、事后评、优程序、创方式、抓问责。要把"改"的理念贯穿"管"的始终,既要按照中央简政放权的精神改革优化事前审批管理的前置条件和审核流程,激发社会和市场活力,还要将事前管理向事中和事后管理调整,不断丰富事中和事后管理的理念、方法和手段。要把政府部门从微观事务中解放出来,从事前审批真正转为事中事后监管,健全部门职责体系,提高政府治理能力。

(二)管住应管事项

地方政府要抓好国务院和上级政府关于下放管理层级行政审批项目决定的贯彻落实,强化工作责任,搞好上下衔接,认真清理部门文件,确保取消和下放的审批项目及时落实到位,防止继续审批、变相审批,强化间接管理、动态管理,防止监督"缺位"、管理"真空",合理设置事权,真正做到"责、权、利"统一。福建省政府要把监管重心下移,加强市、县政府的市场监管职能和力量。地方政府抓经济,重点是为各类市场主体创造统一开放、公平竞争的发展环境,不是当"司机",不是直接开车上路,而是要管好"路灯"和"红绿灯",当好"警察"。规范监管行为,克服随意性,着力构建统一开放、公平竞争的市场环境,让创业"火"起来。对假冒伪劣、坑蒙拐骗尤其是损害人民生命健康的食品安全等领域的违法违规行为,要严惩不贷。建立健全"黑名单"制度,让违法者付出承受不起的代价。要加强保障民生的基本公共服务,保住基本、补上短板、兜好底线,促进社会公正。

（三）规范审批流程

引入标准化理念对审批流程进行规范管理。制定行政审批标准化管理的整体框架,逐步制定涉及行政审批基础性标准规范、行政审批咨询规范标准、审批办理的规范标准和监督检查的规范标准。对行政(审批)服务的提供场所、办公设备、服务设施、人员组成、人员素质、服务礼仪、部门和项目进驻、部门对窗口授权、政务公开、服务监督、考核以及考核结果运用等进行全面规范,实现"服务质量标准化、服务方式规范化、服务过程程序化"。

（四）强化监督管理

规范行政审批权力,要进一步减少审批环节,优化审批程序,明确审批权责,加强监督制约。要深入推进"阳光审批",推进政务公开,扩大公开的范围,提高工作透明度,最大限度方便基层、企业和人民群众办事。进一步完善行政审批项目清理审核机制、新设行政审批项目审查论证机制和行政审批廉政风险防控机制。加强对行政审批权力行使的监控,建立健全行政审批权力监督体系,完善行政审批责任追究制度,防止利用行政审批权"设租""寻租"。在新的时期,要建立通过电子监察、视频监控、服务对象评价、义务监督员监督、民意调查等手段,建立多方共同参与的审批权力监督管理体系。

四、加强事中事后监管

在深入推进地方行政体制改革中,地方政府要依据现实情况和制度基础,加快转变思维方式和政府职能,健全事中事后监管制度,开发日常监管的创新措施,着力构建法律保障、方式得当、各方协调的多元监管体系。

(一)推行"大部门、扁平化"管理

建立健全综合执法机制,在地方政府改革中推行"大部门、扁平化"模式结合。大部制的重点是具有相似职能的部门精简合并,政府机构数量减少,相应扩大机构管理范围。大部制的实行有助于解决地方政府目前面临的决策、执行和监督不协调问题。在大部制基础上,根据行政权力的性质对机构部门进行整合,有利于执法、监管的有效分离。同时对部门内岗位实行扁平化管理,明确不同岗位的职责范围,加强部门间的沟通交流,实现决策、执行、监督职责的横向协调。对于专业性强、涉及部门较多的事项要实行部门联合培训,争取权力清单的编制更加明确、细化,保证权限落到实处。同时在日常监管、信用监管、社会监管、风险监管方面加大研究力度,补齐短板,保证监管各环节均衡发展。加快构建一体化综合执法机制,加强各部门工作的统筹协调,使跨地域联合执法成为联合监管的重要方式。

(二)落实信用登记存储,搭建跨地域数据共享机制,提高监管效率

主要措施是采取行之有效的监管手段,同时要有社会诚信和社会信任的支撑。首先,要尽快完善垂直职能部门的数据共享机制,加快搭建横向跨地域管理部门的数据共享平台,充分利用好数据信息资源。其次,借鉴其他地区的先进经验,完善信用平台的构建,制定信用等级评估细则,建立社会信用跟踪监测机制,培育信用市场、联动监管、监测预警等功能,推进"人工智能+大数据信用监管"平台建设,利用互联网的资源整合优势和大数据的信息技术渠道,在全省范围内推行动态征

信管理机制,实现"跨地区、跨层级、跨部门"信用监管。再次,对不同等级的市场主体实施分类监管,根据监管对象的诚信等级,实施相应的监管措施,保证行政监管高效进行。最后,在全社会建立预警机制,提高市场主体的警惕性,在减少行政工作量的同时提高政府工作效率。同时,社会风气和舆论导向对政府的行政监管有助推作用,要充分利用"舆论监管"这把利剑,使社会评价带来的舆论压力转变为加强事中事后监管的动力。

(三)创新监管方式,构建"大数据+政府监管"平台

有力的监管方式是提高行政监管效率的重要保证,但当前地方政府日常监管方式单一、效率低下,缺乏部门间联合检查的协调性。因此,应总结已有经验,不断探索新模式并推广升级,从而保证行政监管有序进行。不断细化随机检查规则,针对不同信用等级的市场主体制定相应的抽查比例和频次,对存在失信记录的单位实行不定时抽检或集中检查,对于信用记录良好的单位实行普通检查,从而实现日常监管与信用监管的配套实施。另外,要进一步推广普及飞行检查方式,尤其是在安全事故频发的行业领域,对实施效果要及时审查作出评估,并提出改进方案。在日常监管中,构建"大数据+政府监管"平台,加快政务信息整合共享,全面推行"双随机、一公开"监管。

(四)加强社会共治,推进"互联网+政务服务"

建设"社会共治"是深入推进大部门体制改革的重要路径,也是加强事中事后监管的基本原则,能够有效提高公共事业的治理效率和社会参与率。首先,厘清政社关系,分清职能归属,同时适度扩大社会组织的政府批准编制数量,建立社会组织与政府机构的对应机制,有利于

社会组织有效承接政府职能转移。对于专业性强、涉及社会公共利益的事务,通过建立责任清单或政府购买服务的方式向社会组织部门转移。其次,要充分调动公民的积极性,提升政务服务电子监察系统和咨询投诉举报平台功能,发挥舆论监督作用。打铁必须自身硬,要建设人民满意的服务型政府,必须加强行政队伍的政治建设和作风建设,提高行政人员的履职本领,拓展干部的知识视野,结合"三基建设",加强人员培训。在专业性技术性强的岗位推行聘任制公务员制度,构建竞争机制和追责机制,对行政人员的工作能力进行全方位监督。监管效果的及时反馈有助于转变思维模式,调整战略举措,不断更新监管方式,从而提高行政监管效率。最后,推行"互联网＋政务服务"平台建设,借助互联网的资源整合和共享优势打通信息孤岛,不但有效降低办事成本、提高群众行政审批的便捷程度,也有助于政府机构间的信息反馈与回应,同时畅通了社会沟通机制。

五、加强政府的基本公共服务职能

只有将政府的重心投入公共服务领域,才能体现服务型政府的内涵。公共服务作为一个社会最基本的存在,其好坏将会很直接地影响我国政府在公众心中的形象。这里从三个方面对加强政府基本公共服务职能进行分析,分别是社会保障、新基建以及公共卫生。

（一）社会保障方面

要想加强政府基本公共服务方面的职能,就需要加强社会保障服务的水平,需要政府足够的重视,比如要落实城市居民最低的保障制度,健全城市与农村不均衡保障体系,特别是对于在城市务工农民的社会保障问题,以及医疗保险制度改革方面的问题。如果不能提升人民群众的幸福感,那么,政府的公信力与权威也会随之降低,社会保障对政府建立健全公共服务的能力起着最根本和最重要的影响。

(二)公共卫生方面

公共卫生可以说是一个城市生命力的保障,只要在公共卫生方面出现破绽,城市居民的整体健康水平受到影响,就会殃及整个城市的发展。我省对于公共卫生方面的监管、在公共卫生方面的投入需要提到桌面上来,刻不容缓。只有通过防治、宣传、监管等方面的努力才能使公共卫生服务的不完善方面得以补充。除了上述关于服务型政府选择的两个方面外,在建设过程中还有很多方面可供选择。比如可以利用大众媒体来宣传执政理念,表明执政目标,通过网络视频或者视频面对面的方式加强政府与人民群众之间的透明度,也可以避免一些暗箱操作,这样不仅可以增加人民对政府的信任,还可以加强政府与人民群众的互动,使人民真正意义上成为国家的主人,总体提高人民的主体意识。

(三)新基建方面

积极建设下一代互联网(IPv6)升级工程,实现政务服务中心 5G 网络全覆盖,实现无线网络覆盖全省化、网络全民化,并降低网络使用成本,提升网络运行速度,同时不断提升网络安全维护和管理能力,保障移动电子政务的信息安全。诸如大数据中心、网络安全中心之类的实质性基础架构的建设进程要抓紧,进一步促进信息基础架构与市政、公路等规划建设的融合。着力构建"安全城市""慧眼工程"等全方位全天候的视频监控系统,结合道路、环境、土地等资源,推动城市基础设施升级。在城市基础设施中增加互联网技术的使用,促进卫星通信与地面信息基础设施的整体进步。升级 GPS 导航系统,提供相关技术的持续支持。

第三节　责任政府

责任政府是指按照权责统一的原则,依法履行职责,并对自己作为、不作为行为承担政治法律和道义责任的政府。责任政府的要义在于权力与责任的统一,不能只享有权力不承担相应的责任。政府对自己的违法行为所要承担的责任主要包括三种,一是对错误行为要予以纠正;二是对违法行为要追究责任;三是以行政救济制度保障政府承担责任。

一、坚持人民当家作主,强化服务理念

在计划经济体制下,我国政府在社会治理中居于独一无二的管理地位,其他社会治理主体尚未成形,政府不得不统包统揽。改革开放后,社会主义市场经济体制的建设,带来了一系列新的社会问题,传统的统管职能不再适应新环境的变化,我国逐渐转向建设服务型政府。"服务型政府实现政府和社会之间关系的根本性改变,即由传统政治管理中的政府本位和政府意志居于决定地位,向公民本位和公民意志决定性地位转变。"但是,我国的社会转型还远未结束,旧的社会资源分配体系并没有根本动摇,而新的体系与机制尚未完善并充分发挥作用,所

以诱发和加剧了一些特殊类型的风险,如贫富差距过大、传染病控制难度加大、道德失范和控制失灵等。因此,新的社会问题的出现,使得旧的政府社会治理职能不再适应社会的发展,转变社会治理职能是政府在加快经济建设同时要兼顾的重要课题。

加快政府社会治理职能的转变,必须明晰政府与社会之间的职能边界,尽管理论上政府与社会的职能边界没有明确的统一标准,而且实践中情况也复杂多变,但我们可以遵循以下两个原则:(1)凡属政府应当承担的职能,必须由政府承担。提供纯公共物品属于此类职能,例如国防、外交、法律秩序等。这些职能具有不可替代性,只能由政府来行使,其他社会组织没有能力来承担,因此政府就必须提升自身能力以强有力地履行这些职能。(2)凡属于社会能够承担的职能,则必须交由社会组织来承担,比如具体的经济活动、微观的经济管理、群众自治性活动、慈善救助等等。总的来说,政府的社会治理职能转变就是放权于社会本身,前提是社会本身有能力来承担这些职能。

二、完善国家治理结构中的制约关系

经济的发展不可能一蹴而就,也不可能单凭某个部门的力量,更不可能单纯依赖内部资源就能发展好,要想发展好经济,必须处理好各区县政府之间的关系,他们应该是共同富裕、共同进步的合作关系,而不是恶性竞争、瓜分利益的竞争关系。福建省有的地区资源丰富,有的地区资源贫瘠,各地区因其外部因素的不同,需要通过区域合作的方式实现互利共赢的局面。

第一,各市、区、县政府应该建立良性的竞争机制,避免恶性竞争。在各区县之间,应该定期开展会谈和统一培训,建立一致的发展理念,在交流中共同进步。为了达到这个目标,福建各级政府要充分发挥自己的核心作用,及时整治带有地方保护主义苗头的相关政策法规,除此之外,还要结合各市、区、县的具体情况,因地制宜地制定符合该地区整体区域发展规划的政策,并且在前期进行相应的政策解读,以避免发生不正当竞争的现象。

第二,福建省政府要掌握各区域的特色和情况,统筹规划好各市、区、县的发展方向,使之既不交叉也不重叠、各具特色共同发展。参考措施如下:在社会保障、公共治理等方面,各级政府应该协同作业;在居民服务方面,应该灵活变通,允许转移异地政府服务;在公共服务方面,应该统一收费标准,统一人群范围。此外,各级政府要充分认识到自己区域的相关特色,比如因地制宜发展科技园、工业区、农业区等,充分发挥特色经济的作用,打造个性化的区县布局。

第三,福建省政府应该协调好各级地方政府之间的关系。政府之间的合作是建立在利益的基础上,共同利益是合作的基础,利益偏差便不会合作,因此,福建省政府应该将这个因素考虑在内,整体规划地方各级政府间在处理公共服务方面的协作,充分利用行政区内的资源,进而提升整体服务质量和效益。

在此基础上,福建省政府为了更好地推进区域之间的协同发展,必须要有理论和制度做支撑,加快推进区域共发展机制的构建,在双方、多方合作的过程中,要做到公平公正,这样的合作才能更加持久和高效。合作机制的建立也不是一蹴而就的,需要长时间的协调和积淀,更要时时关注和监测,不可掉以轻心。

三、构建政府与社会和公众之间的互动机制

在政治建设中,民主参与是激发政治活力和防止权力滥用的重要

工具。人民有没有发言权？有多大程度的发言权？人民在行使权利时是否畅通？有无实际的效果？这是判定民主及其程度的指标。政府是否及时有效回应人民诉求，然后谋民之公益，这是判断政府是否有为的重要标志，也是影响社会内生稳定秩序的重要因素。为适应社会多元化的发展趋势，政府要为社会各界提供有序参与政治活动的渠道，例如通过大众媒体表达意愿、交流社会信息，发挥媒体的社会监督职能。其间，政府要明确规定信息公开制度及其在决策活动中的运行规则，完善媒体网络平台管理，逐步完善舆情监管机制，助力政府决策和服务。

服务型政府把回应人民需求视为政府服务的出发点和落脚点，人民是国家和社会的主体，服务型政府的创建和成果共享也都需要回应人民的期待。政府服务的整个过程都应以人民的利益和需求为导向，充分调动人民参与政府公共服务、政策制定和监督管理活动的主动性。与之相对，行政人员也应投入积极主动、开放公正、周到服务的情感态度，用人民群众与行政人员的参与和互动，提升人民群众对既有政治结构、政府体制、政府运行规则和程序的认同，从而推进政府发展和政治现代化进程。

因此，打造政府与社会的互动机制，是建设责任政府的必然要求。然而在现今福建省人民参与公共事务的渠道受限，存在着诸如网站信息停滞、听证会没有实际参与权、信息未及时公开等问题，这大大降低了民众的参与意识。

四、进一步完善问责制度

有权无责，权力必然被滥用；有责无权，则无人负责，也就无从问责。在责任型政府、服务型政府的视角下，人民将自己的权力授予公职人员,是以要求其承担某种责任为前提的,如果公职人员不能有效履行责任,其权力就应当受到限制,即要被问责,因此权力和责任具有高度的一致性,有权力就有责任,权力越大,责任越大。这是行政问责制度中国模式的首要原则。

（一）完善行政责任评估机制

责任评估解决的是依据什么样的标准、让责任主体承担怎样的责任的问题。对行政责任进行有效的评估,是行政问责处理决定的必经之路。但目前,规范的行政责任评估机制还没有建立。因此,要对行政人员的责任大小作出合理客观的评估,必须先完善行政责任的评估环节。首先,评估应当遵循科学合理、公正客观的原则。既不庇护隐瞒,为问责对象逃脱责任,也不夸大其词,言过其实导致责罚过当。评估的过程和结果应当予以公开,对于没有经过公开的评估结果一律不予承认,不能将其作为问责的依据。其次,建立科学有效的评估标准。科学的评估标准是评估工作的参照标杆。有了这个抓手,就可以对不同的行为进行分类和评价。要采用定性分析与定量分析相结合的办法,按照行政责任的性质进行分门别类,在各个类别中再按照从轻到重的等级进行划分。实践中便可以首先确定行政责任的类型,然后根据调查结果对责任大小进行量化,匹配相应的处理结果。

（二）建立政府绩效奖惩机制

如前所述,缺乏合理的奖励机制是问责制度中存在的普遍问题。尤其是针对日常问责这种形式,只有惩罚没有奖励的制度是不完善的,也无法让官员真正愿意按照制度的规定规范自己的行为。将政府绩效奖励机制融入行政问责的过程,是促进政府加强自身管理和体制完善的重要方式。对行政人员的职业道德、工作表现、职业纪律等进行全面的考核,采取民主评议、制定指标、考察访谈等多种形式,根据综合行政人员的工作态度、任务的完成情况、公众情感评价等,设置奖惩等级。奖励表现突出、政绩优异的行政人员,对缺乏责任心、庸政懒政、工作怠慢的官员依照具体情形予以问责和处罚。

建立政府绩效奖惩制度,就是要将公职人员的工作绩效和个人奖惩结合起来,将工作表现与职业前景结合起来,通过奖惩手段的刺激,激励行政人员时刻提醒自己将积极、合法履行职责作为自己的工作准则,让官员在面对惩罚时心存敬畏,在面对奖励时努力争取。通过内化了的责任意识,将事后追责与事前预防更好地结合起来,实现问责"促使或引起个人或部门采取事前负责任行为的组织和政治机制设计"的目的,并以此推动日常问责的完善。

(三)健全行政问责监督机制

权力一旦失去监控,便会朝着腐败的方向蔓延,行政问责亦是如此。失去了全面和良性的监督,行政问责就容易超越法律和制度的框架,不可避免沦为人的主观性和随意性的工具。因此,要完善监督机制,让问责制度在阳光透明的视野下进行。尤其要加强外部力量的监督,发挥异体监督的功能。需要从立法角度规定和保障人大、监察机关、司法机关以及新闻媒体和公众的监督权,允许各方主体尤其是公民以任何方式行使监督权利,实现对行政机关监督上的无盲区。其中,要特别注重发挥公众和舆论的监督作用。人民作为行政权力的来源,能够直接反映出对行政问责最强烈的呼声。为此,要加强对全社会的法治教育和问责宣传,进一步树立公民权利意识、监督意识,提升公众参与的积极性和社会责任感。对公民要进行正向的引导,一方面要利用政务公开、普法宣传、问责听证等方式,让公众了解自己的权利,增强对行政问责的认可,提升公众参与度;另一方面,要引导公众理性看待行政问责,避免公众在问责态度甚至行为上的过激反应,使人民群众既要有问责官员的意识,积极行使自己的权利,又要有理性的思考,对待问责不盲目,合理合法地行使自己的权利。此外,要采用大众传媒、网络、电话、信件等多种方式,建立行政问责监督微信平台,拓宽公众参与渠道,切实保障公众监督权的行使。

(四)培养责任行政文化

行政文化在政府建设中起到基础性和根本性的作用。行政文化是提升政府执行力的精神动能和思想文化保障,只有不断适应环境发展,才能够推动政府朝着高效、良序的方向发展,才能更好地将制度优势转变为制度效能。培育政府服务型行政文化,本质是对原有行政文化认同进行传承和创新,是个体的行政化与政府集体理性的批判和重构、进化与创新的统一,因此不应只囿于完善体制改革与能力建设中,还应有针对性地进行培育。

一是正确定位行政文化转向。政府现代化是一个不断向特定价值目标发展的过程,行政文化是随着行政环境、政策等一系列的因素而处于动态变化之中,一旦经济、社会、政治、文化等各方面因素改变,就需要改变行政文化,对于过去比较狭隘、保守的行政理念应该摒弃,要能够适应国际、国内形势的发展。传统行政文化向服务型行政文化的转向是现代国家建设以及推进国家治理体系和治理能力现代化的内在要求,但是,行政文化的转向不能超越我国社会历史和文化的继承性,它是发生在特定的历史基础和现实基础之上,不断集成与发扬行政人员公共德性,积淀、更新为强大稳定的行政心理结构和行政文化状态,反映出政府全体成员对于公共精神核心价值的情感、态度和信仰,引领社会风尚。

二是着实追求行政效能。提升行政效能是政府行政文化的外在表现,也是回应公众诉求和现实社会发展的客观需要。行政文化的现代性就是政府对人民本位、公正法治、高效尽责的深切追求,政府要通过明确权力和责任,整合与转变政府职能,优化与规范工作程序,不断提升行政能力,完善行政效能评议等途径,浸染并更新行政人员的价值理念和行为模式,使追求行政效能成为政府行政工作的惯性意识与要求,最终实现现代服务型行政文化培育与效能政府建设互促互进,推进政府治理体系和治理能力现代化。

（五）完善对公职人员的选拔

首先,要建立监督有力的权力运行体系,建设廉洁政治。对党政干部公共服务动机的考察,必须坚持"任人唯贤、德才兼备、以德为先",党政干部的升迁及职位调动应合理利用监督机制,以公平、公开的竞争方式规划党政干部的职业发展目标。注重党政干部领导才能与政治素养的培养,形成能者上、庸者下、劣者汰的用人导向和从政环境。以法律约束权力,以政治透明约束权力,以公众监督约束权力,是建立现代民主政治的关键。党政干部竞争性选拔离不开权力的制约和监督,只有做到敢于监督、善于监督,搭建监督体系应有的独立性和权威性,才能真正实现党政干部竞争选拔的公平性和合理性,促进形成人尽其才、任人唯贤的政治氛围。

其次,提升党政干部践行核心价值观的能力。党政干部要时刻掌握价值观念领域的主动权、主导权、话语权,坚持原则、敢于负责,做到真管真严、敢管敢严、长管长严。加快职业道德立法步伐,将正确的荣辱观、道德观念等以法律的形式加以明确,使职业道德与法律相互接轨、相互补充,从而对塑造党政干部个人行为和职业规范产生巨大影响。通过创建立体化、多层次的思想教育体系,为党政干部树立正确的荣辱观提供坚实的文化基础。

最后,引进绩效奖励机制,激发党政干部的工作积极性。对于公共服务动机明显的党政干部而言,适当的绩效奖励并不影响其工作能力的提升;而对于公共服务动机不明显的党政干部而言,绩效奖金对于提升其工作能力效果更佳。笔者认为,应在"压力型体制"和"岗位目标管理责任制"的基础上,通过绩效考核,对党政干部进行经常性、系统性的考察,以加强对党政干部的日常了解,定期分析研判党政干部队伍情况,对应当调整的党政干部及时作出调整,以此充分调动干部的工作积极性,激发其公共服务动机。

(六)规范公职人员履职行为

公务人员履职行为规范化是指公务人员的履职行为符合法律制度的有关规定,能够有效克服主观因素、外部因素的影响,能够有效避免履职行为"因人而异"的困境。公务人员是连接政府与民众之间的桥梁。对于绝大多数民众来说,其既无足够的能力去分析政府的组织机构、工作状况及政策方针,又很少有机会直接接触上层政府及高级官员,其接触最多的往往是政府职能部门的公务人员。因此,公务人员的履职行为与个人形象往往在某种程度上决定着政府在民众心中的形象。法治政府构建需要在全社会塑造政府的良好形象,需要在民众心里植入法治理念,为此,政府机关工作人员需要不断强化自己的法治信仰,提高依法履职能力,不断规范自己的履职行为,并最终推动公务人员履职行为的规范化与标准化。

不断强化法治信仰是公务人员履职行为标准化的前提。认识对实践具有能动的反作用，并指导人们认识世界与改造世界。法治信仰作为认识的一部分，是指导公务人员依法履职的重要思想武器。法治信仰是在对法律原则、法律制度认知的基础上，将之内化于心，形成认可，并用于指导日常实践活动。公务人员只有在内心深处认可法治，意识到法治的重要性，其才会自觉主动地学习法律知识，并用于指导自己的日常履职行为。

不断提高依法履职能力是公务人员履职行为标准化的保障。公务人员依法履职行为是其依法履职能力的外在体现。为了在日常生活中实现依法履职行为标准化，公务人员需要具备强大的业务办理能力、良好的心理抗压能力及对局势的强大把控能力。在日常执法过程中，执法对象往往纷繁复杂，极具变动性，因此，公务人员需要及时准确地找出相应的法律规定，识别法律适用性，做出正确执法行为。

不断规范履职行为是公务人员履职行为标准化的补充。行为是信仰与能力的外在体现，但不是必然结果。坚定的法治信仰、强大的履职能力并不一定导致规范的法治行为。在日常生活中，公务人员行政行为往往受到众多不确定因素的影响，如个人经验、社会关系等。为此，公务人员在行政过程中需要不断总结执法。

第四节　回应型政府

回应型政府是建立在公共治理理论基础上的、以新公共管理理论、新公共服务理论特别是科学社会主义理论为指导而提出的概念。它以公共治理为理念,以解决公共问题、社会问题为责任,具有自觉、稳定、可持续的回应性和回应机制,以及有效回应社会所需回应力,体现以民为本、服务导向、及时反应、依法治理的基本特征,以政府与社会平等合作为治理模式。

政府回应是政府对于社会的回答、答应或响应,更多的是反映政府对于社会诉求的倾向性态度;政府服务,更多的是指政府为满足社会诉求而采取的措施或行动。回应型政府是有别于服务型政府的概念。前者是政府与社会平等合作、共同治理的模式;后者是政府作为单一主体前提下的政府对于社会的管理模式。当然,这种区别毫不影响两者之间紧密的、难以分割的联系,它们在价值归属上是一致的,都着眼于政府公共服务能力与质量的提升。回应型政府治理理念的确立,可以为建设服务型政府提供更好的价值导向、目标体系和基本条件;回应型政府治理模式和运行机制的建立,可以使政府更好地实现其服务性职能,是建设服务型政府的重要基础。准确把握回应型政府的科学内涵,对于推进服务型政府建设是有益的。

一、提升人力资本指数,打造适应电子政务发展的人才队伍

要建设全国高水平的电子政务公共服务和党政机关应用系统,打造一支适应数字政府发展要求的人才队伍。通过有效的政策激励措施引导优秀专业技术人才向急需智能人才的西部地区与基层扩散,建立起不同地区大体均衡、城乡基本平衡的智能化政务服务体系专业人才队伍。加强对电子政务与数字政府从业人员的业务培训,提升数字治理队伍人员专业化水平。整合各类资源,包括信息资源、资金资源、人力资源等,通过应用网络信息技术来实现信息共享与资源互换共享,打

破碎片化治理、孤岛化管理的状况。加强组织内部的合作,形成合作的组织文化、价值观念、信息管理与人员培训机制;整合政务文化与价值观,形成包容性的"融异型"组织文化,通过融合多元化价值观为统一的价值观,通过权力分享和合作伙伴关系建立共同文化,重建"公共道德"和"凝聚性文化"。整合吸纳民意,通过网络技术扩大公众参与,变"单主体政务服务"为"多主体共同服务",由单一运用政府人力转变为利用无穷民智、无穷民力。大力发展电子参与,更好地听取民意,迎接数字治理时代和智能社会的到来,为公民更多地借助数字技术实现政治参与或公共参与提供技术环境和必要条件,使社会力量和公民作为数字治理的主体参与到政府治理之中。社会公众既是数字治理客体又是治理主体,政府机关既是数字治理主体又是社会公众监督的客体,这样在政民两端均实现了治理主体与治理客体的统一。

二、完善政府网络问政平台管理系统

第一,统一标准化管理。政府网络问政平台作为政府门户网站之一,拥有统一标准化管理是高效率运行所必不可少的。这里所说的统一管理,是指这一管理标准适用于政府网络问政平台的所有组成部分,实行统一、标准的管理。

第二,公私合作化管理。政府网络问政平台应该广泛利用公私合作实现共同管理。第三方供应商不仅可以让政府网络问政平台的各项服务更加专业化、精细化,而且他们参与到政府网络问政平台的管理中有利于问政平台的科学管理。

第三,整体政府协同管理。政府管理要与第三方供应商管理互通有无,有效地交流沟通,实现政府网络问政平台管理的整体协作。

第四,政民互动化管理。引导广大人民群众参与到问政平台的管理当中来,政府管理者与人民群众之间相互影响、相互作用、相互塑造。

三、建设服务型政府网络问政平台

一是提高网络问政公私合作水平。随着社会各行各业专业化程度的不断提高,社会各项工作不断走向精细化、标准化。利用第三方供应商网络提供更加专业化、精细化的服务,可以提高问政平台的工作效率,让广大网民享受到高质量的服务,提高问政平台信用度。

二是增强网络问政整体政府工作能力。强化运用整体政府理论,提高政府网络问政平台的整体服务能力,不仅有利于问政平台中的各个部门建立横向与纵向合作,完善问政平台工作体制,提高工作效率,更有利于加强各层级政府之间互通有无,提高地方政府的整体组织领导能力。

三是提高党政干部网络问政的业务素质,增强党政干部网络问政能力。帮助党政干部正确认知网络问政,认识网络问政对于构建服务型政府的重要性,从思想上认可网络问政作为政府与公民平等交流平台的重要作用。认识网络问政是政府了解民情、汇聚民智,实现科学决策、民主决策,真正做到全心全意为人民服务的重要"阵地"。

四是培养真正的参与型公民。公民不仅应该结合自己的问题参与到网络问政中来,而且应该参与到网络问政本身的构建中来,为构建服务型政府网络问政平台群策群力、共同努力。同时,提高网民素养,对广大网民进行宣传教育,纠正错误认知,树立网民有序积极参与网络问政的正确认知。

五是提高政府网络问政平台参与自由度。创新各种安全的网络问政参与方式,减少公民参与网络问政的限制,扩大公民广泛积极有序参与网络问政的自由度,让网络问政更加畅通无阻。

四、加强专业化网络问政人力资源队伍建设,为网络问政平台健康发展提供人才保障

在影响网络问政治理水平和成效的诸多因素中,人力资源是一个关键性要素。网络问政人才队伍"是信息和技术的有效载体和黏合剂,也是信息发挥效用的决定性因素之一。没有高素质的公务员,先进技术和海量信息所催生的优势终究会被抵消"。因此,地方政府网络问政平台的建设和发展,必须与加强专业化网络问政人力资源队伍建设结合起来。对此,除继续加强对现有网络问政相关人员进行全面系统的教育和培训外,各地应积极探索如何突破现有体制、机制和政策性障碍,加快推进网络问政职业性、专业化人力资源队伍建设,从而打造一支政治素养高、精通网络信息传播技术、工作作风扎实、敬业和奉献精神强、具有良好道德品质和优秀业务素质的网络问政人才队伍,为网络问政平台建设提供人才保障和智力支持。这应成为当前和今后一个时期推进地方网络问政平台建设的重点和突破口。

五、以整体性政府理念指导推进网络问政平台的集成化,提升网络问政平台公共服务功能

传统官僚制的政府组织形态是典型的以横向专业化、部门化和纵向层级化、等级化为特征的组织架构模式,各部门各自独立、分割、缺乏协作,导致政府职能的重叠、交叉、有盲区和协同治理能力不足等问题突出,政府提供整体化公共服务的效率和能力较低。互联网技术的进

步则为突破这种困境提供了技术支撑。依托网络的技术性优势,政府网络问政平台具有强大的资源整合的潜力,通过系统推进和优化公共服务功能设计,可以将政府各职能部门公共服务事项和办事流程整合在一个平台上,以统一的网络问政平台作为入口搭建集成化的政府网络问政公共服务大厅,并实现与政府各职能部门的业务流程相对接,提升网络问政平台的公共服务能力和水平。因此,从构建服务型政府的目标诉求出发,应以整体性政府理念为指导,打破传统等级制政府组织架构下部门间各自为政的困境,推进网络问政平台中各层级、各部门间,以及专属网络问政平台与已有的政府网站、政务微博、政务微信之间的信息共享和联动机制。从而,通过探索建设网络问政平台跨区域、跨部门和跨层级联动协作体系,推动政府职能整合和实现政府组织架构的线上优化,增强政府网络问政平台整体政府工作能力,提升网络问政平台线上公共服务能力和水平。

参考文献

[1]栗宁远.服务型政府建设面临的现实困境[J].经济研究导刊,2016(11).

[2]翁列恩,胡税根.公共服务质量:分析框架与路径优化[J].中国社会科学,2021(11).

[3]于云鹤,李梦纯.试述我国服务型政府构建的问题和策略[J].山西青年,2016(16).

[4]李卫刚,李艳军.行政立法中的公众参与——以政务诚信建设为视角[J].西北师大学报(社会科学版),2021(4).

[5]李一花.提高政府公共提供效率的改革思路[J].四川财政,2003(8).

[6]石红梅,邱丹文.习近平在福建的政府治理创新理念与实践启示[J].东南学术,2021(6).

[7]何水.服务型政府:争议中的透视[J].中国行政管理,2010(10).

[8]唐京华.乡镇政府公共服务能力建设的体制困境与改革路径[J].宁波大学学报(人文科学版),2020(5).

[9]涂大杭.习近平在闽工作期间对三明文明建设指示及贯彻落实[J].中共云南省委党校学报,2020(2).

[10]李卫刚,李艳军.行政立法中的公众参与——以政务诚信建设

为视角[J].西北师大学报（社会科学版），2021（4）.

[11]柯金妍.法治政府视域下行政权力平衡路径研究[J].中共宁波市委党校学报，2022（1）.

[12]王皓月，路玉兵，路玉兵.数字政府背景下地方政府公共服务建设成效、问题及策略研究[J].中国管理信息化，2021（16）.

[13]尚钊，李跃平，戴悦.2010—2019年福建省卫生资源配置现状与公平性研究[J].福建医科大学学报（社会科学版），2021（5）.

[14]胡钦泉.农村公共服务建设中政府职能转型研究[J].农村经济与科技，2020（19）.

[15]石红梅，邱丹文.习近平在福建的政府治理创新理念与实践启示[J].东南学术，2021（6）.

[16]李丹.改革开放以来我国政府职能转变的发展历程与趋势[J].山东行政学院学报，2019（3）.

[17]林晓彤.精减办事环节规范收费行为福州实行项目审批"一栋楼"办公[J].中国房地信息，1997（10）.

[18]孟祥君.习近平总书记关于"数字福建"理论在福州的探索与实践[J].福建开放大学学报，2021（5）.

[19]杨艳，陈宝春.世界跨海工程概况与台湾海峡通道可能性[J].福建建筑，2007（8）.

[20]熊昌茂.论福建省服务型政府建设的困境及路径选择[J].安徽广播电视大学学报，2010（2）.

[21]陈燕.政府信息公开法治化建设研究——以福建省三明市为例[J].经济师，2016（10）.

[22]赵细康，何满雄.习近平生态文明思想的逻辑体系[J].广东社会科学，2022（2）.

[23]张兴祥.习近平探索宁德脱贫的"五个建设"[J].厦门特区党校学报,2021(4).

[24]邱然,黄珊,陈思."习近平同志对科学决策的重视是一以贯之的"[J].学习时报,2020(3).

[25]赵龙.政府工作报告[R/OL].(2022-01-22)[2022-03-19].https://zfgb.fujian.gov.cn/9526.

[26]福建省人民政府办公厅.2021年政府信息公开工作年度报告[R/OL].(2022-01-26)[2022-03-18].http://www.fujian.gov.cn/zwgk/zfxxgk/xxgkndbb/2021sjzfbmnb/fjsrmzfbgt_2021/202201/P020220126383387036564.pdf.

[27]福建省人民政府.福建省"十四五"数字福建专项规划[EB/OL].(2021-11-16)[2022-03-19]. https://www.fujian.gov.cn/zwgk/ztzl/tjzfznzb/zcwj/fj/202111/t20211130_5783593.htm.

[28]石红梅,邱丹文.习近平在福建的政府治理创新理念与实践启示[J].东南学术,2021(6).

[29]中共中央采访实录编辑室.习近平在福建[M].北京:中共中央党校出版社,2021.

[30]中共中央采访实录编辑室.习近平在福州[M].北京:中共中央党校出版社,2020.

[31]中共中央采访实录编辑室.习近平在宁德[M].北京:中共中央党校出版社,2020.

[32]中共中央采访实录编辑室.习近平在厦门[M].北京:中共中央党校出版社,2020.

[33]戴圣良.数字福建:"互联网＋政务服务"背景下政府网站发展提升建议[J].三明学院学报,2020(6).

[34]李克强.在全国深化"放管服"改革转变政府职能电视电话会议上的讲话[N].人民日报,2018-07-13.

[35]福建省人民政府.2018年政府工作报告[R].2018-01-26.

[36]福建省人民政府.关于废止部分涉及"放管服"改革规章的决定[R/OL].(2018-01-10)[2022-03-18].https://www.fujian.gov.cn/zwgk/zfxxgk/szfwj/jgzz/fgfz/201712/t20171215_1135937.htm.

[37]中共中央文献研究室.习近平关于社会主义政治建设论述摘编[M].中央文献出版社,2017.

[38]习近平.决胜全面建成小康社会 夺取新时代中国特色社会主义伟大胜利[J].人民日报,2017-10-28.

[39]福建省人民政府.2017年福建省推进简政放权放管结合优化服务工作要点[R/OL].(2017-04-25)[2022-05-09].https://www.fujian.gov.cn/zwgk/zfxxgk/szfwj/jgzz/fzggwjzc/201705/t20170503_1114620.htm.

[40]福建省人民政府.2017年政府工作报告[R].2017-01-18.

[41]福建省人民政府.2016年福建省推进简政放权放管结合优化服务工作要点[R/OL].(2016-06-14)[2022-05-09].https://www.fujian.gov.cn/zwgk/ztzl/flwzwfw/zcwj/201606/t20160623_1414756.htm.

[42]黄东贤.福建省"服务型政府"的构建思路初探——基于福建自由贸易试验区建设契机[J].广西职业技术学院学报,2016(1).

[43]福建省人民政府.2016年政府工作报告[J].2016-01-11.

[44]《秘书工作》采访组.实干才能梦想成真:习近平同志在福州工作期间践行"马上就办"纪实[J].秘书工作,2015(2).

[45]陈荣辉,马亨冰.福建省电子政务学科发展报告[J].海峡科学,2014(1).

[46]中共中央关于全面深化改革若干重大问题的决定[N].人民日报,2013-11-12.

[47]习近平.在党的十八届二中全会第二次全体会议上的讲话[J].2013-02-28.

[48]胡锦涛.坚定不移沿着中国特色社会主义道路前进 为全面建成小康社会而奋斗[N].人民日报,2012-11-08.

[49]胡锦涛.高举中国特色社会主义伟大旗帜 为夺取全面建设小康社会新胜利而奋斗[N].人民日报,2007-10-15.

[50]中共中央党史和文献研究院.十六大以来重要文献选编(上)[M].北京:中央文献出版社,2005.

[51]江泽民.全面建设小康社会 开创中国特色社会主义事业新局面[N].人民日报,2002-11-08.

[52]习近平.研究借鉴晋江经验 加快县域经济发展——关于晋江经济持续快速发展的调查与思考[N].人民日报,2002-08-20.

[53]习近平.政府该怎样为百姓服务[N].经济日报,2001-08-18.

[54]习近平.“有限”管理与“无限”服务[N].人民日报,2001-06-14.

[55]高建进,习近平.牢记政府前面“人民”两字[N].光明日报,2001-03-07.

[56]习近平.习近平同志在全省机关效能建设工作电视电话会议上的讲话[J].福建政报,2000(5).

[57]马怀德.习近平法治思想的理论逻辑、历史逻辑与实践逻辑[J].山东人大工作,2021(9).

[58]马怀德.坚持建设中国特色社会主义法治体系[J].旗帜,2021(1).

[59]张文显.习近平法治思想的理论体系[J].法制与社会发展,2021(1).

[60]张钢,牛志江,贺珊.地方政府公共服务质量评价体系及其应用[J].浙江大学学报(人文社会科学版),2008(6).

[61]刘子先,高树彬:服务型政府绩效评价研究[J].天津师范大学学报(社会科学版),2013(2).

[62]郑会霞.服务型政府行政领导力评价及提升策略[J].领导科学,2014(26).

[63]刘厚金.政府经济职能法治化:基本内涵、问题分析与实践路径[J].党政论坛,2018(12).

[64]段宇波,刘佳敏.地方政府事中事后监管的困境与路径[J].经济问题,2018(6):104-109.

[65]蓝斌.地方政府法治职能建设的完善对策[J].法制与社会,2020(13).

[66]鄢琦,廖翔慧.建立"服务型"政府的瓶颈:公民评价主体缺位[J].天府新论,2008(2).

[67]王欣,吴江.公共就业服务满意度评价及指标体系构建——基于服务型政府导向的研究[J].中国人力资源开发,2013(7).

[68]杨诚.服务型政府评价问题探讨[J].行政论坛,2010,17(1).

[69]石佑启.以转变政府职能为纲　推进法治政府建设[J].学术研究,2019(10).

[70]郑智超.习近平总书记在福建工作期间的务实担当与为民情怀[J].闽西职业技术学院学报,2018,20(2).

[71]刘华.习近平关于建设服务型政府的话语体系及其价值意蕴[J].安徽师范大学学报(人文社会科学版),2018(3).

[72]习近平.增强政府公信力和执行力 建设人民满意的服务型政府[J].中国信用,2017(11).